Doreen Lindner

Eingruppierung im öffentlichen Dienst

Fragen und Antworten

Mit Online-Quiz unter
www.bund-verlag.de/faq-quiz

Doreen Lindner

Eingruppierung im öffentlichen Dienst

Eingruppierungsregeln
Arbeitsvorgänge
Mitbestimmung für Betriebs- und Personalräte

BUND
VERLAG

Im Interesse einer besseren Lesbarkeit wird davon abgesehen, bei Fehlen einer geschlechtsneutralen Formulierung sowohl die männliche als auch weitere Formen aufzuführen. Die gewählten Formulierungen gelten deshalb uneingeschränkt für die weiteren Geschlechter.

Bibliografische Informationen der Deutschen Nationalbibliothek
Die Deutsche Nationalbibliothek verzeichnet diese Publikation in der Deutschen Nationalbibliografie; detaillierte bibliografische Daten sind im Internet über *http://dnb.d-nb.de* abrufbar.

Umschlag: fsvk designbüro für visuelle kommunikation, Großostheim
Satz: Dörlemann Satz, Lemförde
Druck: Druckerei C.H. Beck, Bergerstraße 3–5, 86720 Nördlingen

ISBN 978-3-7663-7522-3

kontakt@bund-verlag.de
www.bund-verlag.de

Inhaltsverzeichnis

Abkürzungsverzeichnis

ÄndTV	Änderungstarifvertrag
Abs.	Absatz
AGG	Allgemeines Gleichbehandlungsgesetz
AWO	Arbeiterwohlfahrt e. V.
BAG	Bundesarbeitsgericht
BAT	Bundes-Angestelltentarifvertrag
BetrVG	Betriebsverfassungsgesetz
BGB	Bürgerliches Gesetzbuch
BPersVG	Bundespersonalvertretungsgesetz
EG	Entgeltgruppe
EntgTransP	Entgelttransparenzgesetz
ff.	fortfolgend
GewO	Gewerbeordnung
GG	Grundgesetz
HTB-H	Tarifvertrag über die Eingruppierung der handwerklich tätigen kommunalen Beschäftigten in Hessen
KSchG	Kündigungsschutzgesetz
LBzTV	Landesbezirklicher Tarifvertrag

ÖTV	Gewerkschaft Öffentliche Dienste, Transport und Verkehr
S.	Seite
SGB	Sozialgesetzbuch
TdL	Tarifgemeinschaft deutscher Länder
TV EntgO	Tarifvertrag über die Entgeltordnung
TV-BA	Tarifvertrag für die Arbeitnehmerinnen und Arbeitnehmer der Bundesagentur für Arbeit
TV-H	Tarifvertrag für den öffentlichen Dienst des Landes Hessen
TV-L	Tarifvertrag für den öffentlichen Dienst der Länder
TVG	Tarifvertragsgesetz
TVöD	Tarifvertrag für den öffentlichen Dienst
u. a.	unter anderem
Ver.di	Vereinte Dienstleistungsgewerkschaft
VKA	Vereinigung der kommunalen Arbeitgeberverbände
WRV	Weimarer Reichsverfassung
z. B.	zum Beispiel

Einleitung

Die Regelungen zur Eingruppierung im öffentlichen Dienst sind sowohl für die Beschäftigten als auch für die Arbeit der gesetzlichen Interessenvertretung von großer Bedeutung. Sie bilden die Grundlage für die Festlegung des Entgelts und der Vergütung der Beschäftigten. Die Kontrolle der korrekten, tarifkonformen Eingruppierung ist zudem Teil der Beteiligungsrechte der gesetzlichen Interessenvertretung.

Die Eingruppierung der Beschäftigten im öffentlichen Dienst ist im TVöD (Bund), TVöD (VKA), TV-L und TV-H geregelt. Für Beschäftigte im Nahverkehr oder in der Versorgung gibt es eigene, aber vergleichbare tarifvertragliche Regelungen. Die Eingruppierung unterliegt einer in den Tarifverträgen festgelegten Systematik.

Die folgenden Fragen und Antworten sollen dabei helfen, ein Grundverständnis für diese Systematik zu geben.

A. Was ist das Besondere am Eingruppierungsrecht des öffentlichen Dienstes?

Kleine Geschichte

Die Systematik und die Begrifflichkeiten des Eingruppierungsrechts erschließen sich besser, wenn die Geschichte der Tarifvertragsverhandlungen und deren Entwicklung bekannt sind.

1. Seit wann gibt es Regelungen zur Eingruppierung für die öffentliche Verwaltung und Betriebe?

Bereits das »Allgemeine Landrecht für die Preußischen Staaten« von 1794 enthielt erste Regelungen zur Beschäftigung im Staatsdienst, die jedoch zunächst nur für das Beamtenverhältnis galten. Mit der »Verordnung über Tarifverträge, Arbeiter- und Angestelltenausschüsse und Schlichtung von Arbeitsstreitigkeiten«, die 1918 vom Rat der Volksbeauftragten erlassen wurde, gab es erstmals einen Rahmen für die Verhandlung von Tarifverträgen. Das Recht auf Vereinigungsfreiheit und die Bildung von Gewerkschaften als kollektive Interessenvertretungen wurden schließlich durch Artikel 159 der Weimarer Reichsverfassung (WRV) verfassungsrechtlich geschützt. Die ersten tarifvertraglichen Regelungen für Angestellte und Arbeiter:innen im Reichsdienst wurden auf der Grundlage der Rechte aus der WRV und der Verordnung für die Interessenvertretungen der Arbeiter:innen in den Jahren 1924/1925 abgeschlossen. Die Zerschlagung der kollektiven Arbeitsverfassung der Weimarer Republik und der Gewerkschaften war eine der ersten Handlungen der Nationalsozialisten, die im Januar 1933 an die Macht gekommen waren. Dies hatte auch Auswirkungen auf die Tarifverträge und Beschäftigten im Reichsdienst. Geltende Tarifverträge wurden durch den Erlass der Allgemeinen Dienstordnung für die Dienstverhältnisse bei der öffentlichen Verwaltung und den Betrieben ersetzt, wodurch die Arbeitsbedingungen diktiert wurden (eine Verhandlung mit den Gewerkschaften fand nicht mehr statt).

2. Wie ging es weiter?

Nach der Beseitigung der faschistischen Diktatur im Jahr 1945 wurden zunächst durch verschiedene Verordnungen die Tarifordnungen für die öffentliche Verwaltung und die Betriebe wiederhergestellt. Gleichzeitig gründeten sich wieder Gewerkschaften, darunter die Gewerkschaft Öffentliche Dienste, Transport und Verkehr (ÖTV[1]).
1949 wurde schließlich das Recht auf Vereinigungsfreiheit zur Schaffung und Förderung von Arbeitsbedingungen wieder in das Grundgesetz aufgenommen. Im selben Jahr wurden die Tarifpartner – die Gewerkschaft ÖTV und die Tarifgemeinschaft der Länder (TdL) sowie die Vereinigung der kommunalen Arbeitgeberverbände (VKA) – für die Angestellten und Arbeiter:innen in der öffentlichen Verwaltung und in Betrieben beauftragt. Nach langen Verhandlungen, die aufgrund der Komplexität der Abbildung der vielen Arbeitsbereiche, insbesondere bei der Eingruppierung, nicht einfach waren, wurden Anfang der 1960er Jahre jeweils separate Manteltarifverträge für die Arbeiter:innen in Bund, Ländern und Kommunen sowie der Bundesangestelltentarifvertrag (BAT[2]) abgeschlossen. Alle enthielten Eingruppierungsgrundsätze und Tätigkeitsmerkmale für Arbeiter:innen in den Lohngruppenverzeichnissen sowie für Angestellte in einer eigenen Vergütungsordnung als Anlage zum BAT. In den neuen Bundesländern galt ein spezieller Bundes-Angestelltentarifvertrag mit reduzierter Vergütung. Dieser wurde als BAT-Ost oder kurz als BAT-O bezeichnet.

---

1 2001 fusionierte die ÖTV gemeinsam mit der Deutschen Angestelltengewerkschaft (DAG), der IG Medien, der Deutschen Postgewerkschaft (DPG) und der Gewerkschaft Handel, Banken und Versicherungen (HBV) zur Vereinten Dienstleistungsgewerkschaft (ver.di).

2 Mehr zur Geschichte des BAT, siehe Bundes-Angestelltentarifvertrag – Wikipedia, aktualisiert am 4. 3. 2025, *https://de.wikipedia.org/wiki/Bundes-Angestelltentarifvertrag.*

3. Wann wurden die Tarifverträge des öffentlichen Dienstes (TVöD/TV-L) abgeschlossen?

Anfang der 1980er Jahre begann der Abbau tarifvertraglicher Errungenschaften. Dies war unter anderem der in die Politik einziehenden neoliberalen Überzeugung geschuldet, dass durch eine Privatisierung staatlicher Leistungen kostengünstiger gearbeitet werden könne. Seit den 1990er Jahren fanden umfassende Reformen im öffentlichen Dienst statt. Diese gingen mit der Drohung der Arbeitgeber einher, aus dem Tarifverbund auszutreten, sowie mit der Zerschlagung der einheitlichen Tarifstruktur im öffentlichen Dienst. Im Jahr 2000 wurde der Tarifvertrag Versorgungsbetriebe abgeschlossen und trat in Kraft. Dies war der erste Tarifvertrag, der den Arbeitsbereich einer Sparte aus dem Tarifgefüge des BAT und dem Tarifvertrag für Arbeiter:innen im kommunalen Bereich löste. Danach folgten die landesbezirklich abgeschlossenen Tarifverträge für den Nahverkehr. Schließlich wurde im September 2005 der TVöD für die Beschäftigten des Bundes und der kommunalen Arbeitgeber abgeschlossen, 2007 dann der Tarifvertrag für die Länder. Das Land Hessen war zwischenzeitlich aus der Tarifgemeinschaft der Länder ausgetreten. Hier gilt seit dem 1. Januar 2010 ein eigener Tarifvertrag: der TV-Hessen (TV-H). Der TVöD/TV-L und der TV-H lösten den BAT sowie die Manteltarifverträge für Arbeiter:innen ab und vereinheitlichten das Tarifrecht für Arbeiter:innen und Angestellte. Zu den weiteren Neuerungen gehörte zum Beispiel die Loslösung vom Beamtenrecht. Außerdem wurde die dienstalter- und familienbezogene Vergütung durch eine erfahrungsorientierte Entgeltbildung ersetzt. Viele Regelungen, beispielsweise zu Kinderzuschlägen, die noch Bestandteile des BAT waren, konnten für nach Inkrafttreten der Tarifverträge neu eingestellte Beschäftigte nicht mehr übernommen werden. Die Tarifvertragsparteien wollten das Tarifrecht grundlegend reformieren und verschlanken. Aus gewerkschaftlicher Sicht gab es insbesondere Reformideen zum Eingruppierungsrecht und zur Aktualisierung der Tätigkeitsmerkmale. Die neuen Entgeltordnungen, die die Vergütungsordnung und die Lohngruppenverzeichnisse abgelöst haben, konnten jedoch erst zehn Jahre nach dem Inkrafttreten der Tarifverträge vereinbart werden: 2017 für den TVöD und 2020 für den TV-L.

Zur Sicherung von Besitzständen wurden bei den Tarifverhandlungen zum Abschluss des TVöD bzw. des TV-L Überleitungstarifverträge vereinbart.
In verschiedenen Tarifrunden kam es zwischenzeitlich zu Nachverhandlungen und Aktualisierungen der Tarifverträge inklusive der Überleitungstarifverträge.

Rechtsquellen des Eingruppierungsrechts

4. Wo finden sich die Rechtsgrundlagen für die Systematik der Eingruppierung im öffentlichen Dienst?

Nach § 611a Abs. 2 BGB ist der Arbeitgeber zur Zahlung der vereinbarten Vergütung verpflichtet. Die Zahlung der vereinbarten Vergütung ist die Hauptpflicht des Arbeitgebers aus dem Arbeitsvertrag. Die Feststellung der Höhe der vereinbarten Vergütung bzw. des Entgelts erfolgt ausschließlich auf der Grundlage der Tarifverträge des öffentlichen Dienstes. Diese enthalten die Rechtsgrundlagen für die Systematik der Eingruppierung sowie die Entgeltordnungen, in denen die Zuordnung der Tätigkeitsmerkmale zu den Entgeltgruppen festgelegt ist.

5. Welche Tarifverträge regeln die Eingruppierung im öffentlichen Dienst?

Zunächst einmal sind der TVöD (VKA), TVöD (Bund) und der TV-L Tarifverträge, die die Eingruppierung der Beschäftigten im öffentlichen Dienst regeln. Der TVöD enthält außerdem besondere Teile für die Sparten Verwaltung, Krankenhäuser, Pflege- und Betreuungseinrichtungen, Sparkassen, Flughäfen und Entsorgung. Er umfasst 39 Paragrafen, die besonderen Teile beginnen jeweils ab § 40 und enthalten spartenspezifische Besonderheiten. Zur Vereinfachung werden die Teile jedoch in sogenannten durchgeschriebenen Fassungen zusammengefasst: TVöD-Verwaltung, TVöD-Krankenhäuser, TVöD-Betreuung, TVöD-Sparkassen, TVöD-Flughäfen und TVöD-Entsorgung.

Die Privatisierungen von öffentlichen Leistungen hatte auch den Abschluss weiterer Tarifverträge zur Folge, wie z. B. der TV-Versorgung, Tarifverträge für den Nahverkehr oder Tarifverträge für private Kliniken in Baden-Württemberg, die eine gleiche oder ähnliche Systematik zur Eingruppierung beinhalten. Darüber hinaus gibt es Tarifverträge, wie z. B. bei der AWO, dem Internationalen Bund oder dem Paritätischen Wohlfahrtsverband, die den Wortlaut bzw. die Systematik der Eingruppierungsregelungen aus den Tarifverträgen des öffentlichen Dienstes beinhalten.
Für einige andere Arbeitgeber des öffentlichen Dienstes wurde zudem ein Tarifvertrag geschlossen, der dem TVöD/TV-L nachempfunden ist. Für die Arbeitsagenturen ist dies beispielsweise der »Tarifvertrag für die Arbeitnehmerinnen und Arbeitnehmer der Bundesagentur für Arbeit« (TV-BA). Auch einige Universitätskliniken, wie die in Baden-Württemberg, Frankfurt oder Jena, fallen nicht unter den Geltungsbereich des TVöD/TV-L. Sie haben mit ver.di und anderen Gewerkschaften eigene Tarifverträge abgeschlossen. All diese Tarifverträge enthalten eine Eingruppierungssystematik, die den Regelungen des TVöD/TV-L entsprechen.
Für Beschäftigte mit handwerklichen Tätigkeiten gibt es in einigen Bundesländern neu abgeschlossene landesbezirkliche Tarifverträge mit speziellen Eingruppierungsverzeichnissen.

- »Landesbezirklicher Tarifvertrag Nr. 6 zur Eingruppierung für die Beschäftigten im handwerklichen Bereich Baden-Württemberg«,
- »Tarifvertrag zur Ergänzung der Anlage 1 zum TVöD (Entgeltordnung) für den Bereich des KAV Schleswig-Holstein (TV-Entgeltgruppenverzeichnis SH)«
- »Tarifvertrag über die Eingruppierung der handwerklich tätigen kommunalen Beschäftigten in Hessen (HTB-H)«
- »13. Landesbezirklicher Tarifvertrag (LBzTV) handwerklicher Bereich Bayern«
- »Landesbezirklicher Tarifvertrag vom 19. Dezember 2006 zum TVöD im Bereich des KAV NW (TVöD-NRW)«

Die Regelungen zur Systematik der Eingruppierung wurden jedoch vereinheitlicht, sodass die Erläuterungen in dieser Broschüre entsprechend gelten.

6. Wie unterscheiden sich die Tarifverträge voneinander? Was haben sie gemeinsam?

Die Tarifverträge für die Beschäftigten des öffentlichen Dienstes unterscheiden sich zunächst durch ihren Geltungsbereich und ihre Tarifvertragsparteien. So gilt der TVöD (VKA) beispielsweise für alle Beschäftigten, deren Arbeitgeber Mitglied eines Mitgliedsverbandes der Vereinigung kommunaler Arbeitgeberverbände (VKA) ist. Der TVöD (Bund) gilt für alle Beschäftigten, die in einem Arbeitsverhältnis zum Bund stehen. Der TV-L gilt für Arbeitnehmer:innen, die in einem Arbeitsverhältnis zu einem Arbeitgeber stehen, der Mitglied der Tarifgemeinschaft deutscher Länder (TdL) oder einer ihrer Mitgliedsverbände ist. Die Grundstruktur der Tarifverträge ist jedoch bei allen dieselbe: Es gibt sechs Abschnitte, in denen beispielsweise die Grundsätze und die Systematik der Eingruppierung fast wortgleich geregelt sind. Alle Tarifverträge haben zudem eigene sogenannte »Entgeltordnungen«, die die Tätigkeits- und Eingruppierungsmerkmale sowie die Zuordnung zu einer Entgeltgruppe beinhalten.

7. Welche weiteren Regelungen außer den tarifvertraglichen spielen bei der Eingruppierung eine Rolle?

Das Thema der Eingruppierung steht immer auch im Zusammenhang mit dem Recht auf Gleichbehandlung (»Gleiche Arbeit, gleicher Lohn«), der geschlechterspezifischen Lohngerechtigkeit und dem Antidiskriminierungsrecht. Zum Schutz vor Diskriminierung und Ungleichbehandlung bei der Entgeltgestaltung gibt es verbindliche europarechtliche Regelungen. Diese sind unter anderem in der Charta der Grundrechte der Europäischen Union zur Nichtdiskriminierung und Gleichbehandlung der Geschlechter sowie in Richtlinien, wie der Entgelttransparenzrichtlinie, verankert. Im deutschen Recht sind die Regelungen zur Gleichbehandlung im Grundgesetz sowie in gesetzlichen Regelungen zur Gleichbehandlung und zum Schutz vor Diskriminierung, wie dem Allgemeinen Gleichbehandlungsgesetz (AGG) und dem Entgelttransparenzgesetz (EntgTranspG), verankert. Das AGG und das EntgTranspG setzen europäisches Recht in deutsches Recht um. Arbeitgeber müssen sich an diese Regelungen halten.

8. In welchem Verhältnis stehen diese zu den tarifvertraglichen Regelungen zueinander?

Das deutsche Arbeitsrecht hat eine sogenannte »Normenhierarchie«. Diese gleicht dem Aufbau einer Stufenpyramide. Quasi an ihrer Spitze steht das **EU-Recht**. Das EU-Recht hat grundsätzlich Vorrang vor nationalen Regelungen, solange u. a. gewährleistet ist, dass der Katalog der Grundrechte aus dem Grundgesetz eingehalten wird.[3] Danach folgt das **Grundgesetz**, mit den Grundrechten mit u. a. Regelungen zur Gleichbehandlung in Art. 3. Auf der nächsten Stufe stehen **gesetzliche Regelungen**, wie z. B. aus dem BGB, dem AGG oder dem EntgTranspG. Danach folgen **Rechtsverordnungen**, die für das Eingruppierungsrecht weniger relevant sind. **Tarifverträge** auf der nächsten Stufe stehen noch über den **Betriebs- und Dienstvereinbarungen**. Diese Reihenfolge in der Arbeitsrechtshierarchie dient der Sicherung der in Art. 9 Abs. 3 GG geschützten Koalitionsfreiheit und Tarifautonomie sowie der Erhaltung und Stärkung der Funktionsfähigkeit der Tarifvertragsparteien. Das bedeutet in der Praxis für die Betriebsparteien, dass sie, wenn sie betriebliche Regelungen, beispielsweise zur Eingruppierung, abschließen wollen, zunächst prüfen müssen, ob sie überhaupt tarifvertragliche Regelungsspielräume haben. Die Tarifverträge des öffentlichen Dienstes beinhalten abschließende Regelungen zur u. a. Eingruppierung. Das heißt, weitere betriebliche Regelungen sind ausgeschlossen oder wären unwirksam. Nach der Stufe der betrieblichen Regelungen, den Betriebs- bzw. Dienstvereinbarungen, kommen die Arbeitsverträge, die zwischen Arbeitnehmenden und den Arbeitsgebern abgeschlossen werden.

9. Welche Regelungen zur Eingruppierung der Beschäftigten können in den Arbeitsverträgen vereinbart werden?

In den vom Bund, dem VKA oder der TdL vorgegebenen Arbeitsvertragsmustern ist in der Regel u. a. folgender Satz bzw. Paragraph enthalten: »*Das Arbeitsverhältnis bestimmt sich nach dem Tarifvertrag für den öffentlichen*

3 BVerfG, Beschluss vom 29. Mai 1974 – 2 BvL 52/71; BVerfG, Beschluss vom 22. Oktober 1986 – 2 BvR 197/83; BVerfG, Beschluss vom 24. Juli 2018 – 2 BvR 1961/09.

Dienst (TVöD), den besonderen Regelungen für die Verwaltung (TVöD – Besonderer Teil Verwaltung), dem Tarifvertrag zur Überleitung der Beschäftigten des Bundes in den TVöD und zur Regelung des Übergangsrechts (TVÜ-Bund/VKA) und den diese ergänzenden, ändernden oder ersetzenden Tarifverträgen in der für den Bereich des Bundes jeweils geltenden Fassung.«[4]

Wie oben bereits erwähnt, bilden die Tarifverträge die Rechtsgrundlage für die Eingruppierung der Beschäftigten. Grundsätzlich haben nur Gewerkschaftsmitglieder Anspruch auf tarifvertragliche Leistungen (§ 3 TVG). Eine Ausnahme besteht, wenn ein Tarifvertrag für allgemeinverbindlich erklärt wurde (§ 5 TVG). Dies ist bei den Tarifverträgen des öffentlichen Dienstes jedoch nicht der Fall. Das bedeutet, dass für nicht gewerkschaftlich organisierte Beschäftigte nicht die tariflichen, sondern nur die arbeitsvertraglichen Regelungen Anwendung finden.[5]

Beschäftigte sind nur im Kollektiv stark. Das gilt insbesondere beim Aushandeln von Entgelterhöhungen oder Arbeitszeitregelungen. Nur Gewerkschaften ist es erlaubt, ihre Mitglieder zum Streik zur Durchsetzung von Tarifforderungen aufzurufen. Das wissen selbstverständlich auch Arbeitgeber. Um den Beschäftigten keinen zusätzlichen Anlass zu geben, in eine Gewerkschaft einzutreten, und um die Arbeitsbedingungen zu vereinheitlichen sowie deren Gestaltung zu vereinfachen, wird in Arbeitsverträgen auf einen Tarifvertrag Bezug genommen. Dies gilt unabhängig davon, ob ein:e Beschäftigte:r Mitglied in einer Gewerkschaft ist oder nicht. Im öffentlichen Dienst werden durch die Anwendung einheitlicher Arbeitsvertragsmuster dynamische Verweisungsklauseln eingeführt. Das bedeutet – einfach ausgedrückt – dass die jeweils gültigen Tarifverträge des öffentlichen Dienstes Bestandteil des Arbeitsvertrags werden.

10. Muss die Entgeltgruppe im Arbeitsvertrag stehen?

Ein Arbeitsvertrag nach §§ 611, 611a BGB kommt durch zwei übereinstimmende Willenserklärungen von Arbeitgeber und Arbeitnehmer:innen zustande (§§ 145 ff. BGB). Gemäß § 2 Abs. 1 TVöD/TV-L ist der Tarifvertrag schriftlich abzuschließen. Dieses rechtsfeststellende »deklaratorische

4 https://www.bmi.bund.de/DE/themen/oeffentlicher-dienst/tvoed/arbeitsvertragsmuster/arbeitsvertragsmuster-node.html.

5 Schaub ArbR-HdB/Treber, 20. Aufl. 2023, § 206 Rn. 1, beck-online.

Schriftformerfordernis« dient beiden Vertragsparteien als Beweis über die Inhalte des Arbeitsvertrags, ist aber keine Wirksamkeitsvoraussetzung für dessen Zustandekommen. Eine rechtsbegründende »konstitutive Schriftformerfordernis« wird bei der Nebenabrede verlangt (§ 2 Abs. 3 TVöD bzw. § 2 Abs. 4 TV-L).
Das tarifvertragliche deklaratorische Schriftformerfordernis enthält einen Anspruch des/der Beschäftigte:n auf eine vom Arbeitgeber unterschriebene Ausfertigung des Arbeitsvertrags. Welche Inhalte der Arbeitsvertrag genau enthalten muss, ist in § 2 Nachweisgesetz festgelegt. In den Eingruppierungsregelungen des TVöD/TV-L ist darüber hinaus festgelegt, dass die Entgeltgruppe des Beschäftigten im Arbeitsvertrag angegeben werden muss (§ 12 Abs. 3 TVöD bzw. § 12 Abs. 2 TV-L).

11. Haben Beschäftigte einen Anspruch auf die Zahlung der im Arbeitsvertrag angegebenen Entgeltgruppe?

Nach der Rechtsprechung hat auch die im Arbeitsvertrag benannte Entgeltgruppe nur eine rechtsfeststellende, deklaratorische Bedeutung. Die tarifvertragliche Verpflichtung zur Angabe der Entgeltgruppe im Arbeitsvertrag dient dazu, die aufgrund der tarifvertraglichen Regelungen festgestellte, der jeweiligen Tätigkeit entsprechende Entgeltgruppe zu erklären und zu beschreiben. Nach der Rechtsprechung des Bundesarbeitsgerichts kann eine:r Beschäftigte:r im öffentlichen Dienst aufgrund der Nennung einer Entgeltgruppe in einem Arbeitsvertrag unter Berücksichtigung der nach (§ 12 Abs. 3 TVöD bzw. § 12 Abs. 2 TV-L) vorgesehenen Angaben regelmäßig nicht von einer konstitutiven, rechtsbegründenden Entgeltvereinbarung ausgehen, wenn sich aus dem Inhalt des Arbeitsvertrags deutlich ergibt, dass allein die bezeichneten (tariflichen) Eingruppierungsbestimmungen für die Ermittlung der zutreffenden Entgelthöhe maßgebend sein sollen und nicht die angegebene Entgeltgruppe.[6] Wird im Arbeitsvertrag auf das gesamte tarifliche Regelungswerk inklusive der Eingruppierungsbestimmungen verwiesen, bilden diese die Grundlage für die Ein-

6 U.a. BAG, Urteil vom 21. August 2013 – 4 AZR 656/11 mit weiteren Verweisen.

gruppierung der Beschäftigten auf Basis der vertraglich vereinbarten und zugewiesenen Tätigkeiten.[7]

12. Kann der Arbeitgeber Beschäftigten eine höhere Entgeltgruppe gewähren? Und zwar eine, die höher ist als die, die im Tarifvertrag vorgesehen ist? Ist das möglich?

Grundsätzlich können Arbeitnehmer:innen gegenüber dem Arbeitgeber einen Anspruch geltend machen, wenn dieser über einen längeren Zeitraum hinweg Leistungen gewährt, auf die es keinen (tarifvertraglichen) Rechtsanspruch gibt. Dieser von der Rechtsprechung entwickelte Anspruch wird »betriebliche Übung« genannt. Gewährt der Arbeitgeber über einen längeren Zeitraum hinweg eine höhere als die im Tarifvertrag vorgesehene Entgeltgruppe, könnte dies eine betriebliche Übung darstellen. Allerdings gelten die Grundsätze der betrieblichen Übung im öffentlichen Dienst aufgrund der bisherigen Rechtsprechung des Bundesarbeitsgerichts (BAG) nicht. Einerseits hat, wie oben ausgeführt, die Entgeltgruppe im Arbeitsvertrag im öffentlichen Dienst nur deklaratorischen Charakter und andererseits geht die Rechtsprechung davon aus, dass Arbeitgeber im öffentlichen Dienst im Zweifel nur die tarifvertraglich geschuldete Leistung erbringen wollen. Arbeitgeber des öffentlichen Dienstes, insbesondere in der Verwaltung, dürfen aufgrund des Haushaltsrechts häufig auch keine übertarifliche Vergütung gewähren, sondern nur das, was den Beschäftigten tarifrechtlich zusteht. Beschäftigte im öffentlichen Dienst müssen darüber hinaus nach der Rechtsprechung des BAG regelmäßig davon ausgehen, dass sich der öffentlich gebundene Arbeitgeber nur im Rahmen der tariflichen Normen sowie der Grundsätze des Haushaltsrechts bei der Gewährung von Leistungen bewegen möchte. Kurzum: Die Gewährung einer übertariflichen für den/die Beschäftigten besseren Entgeltgruppe im Geltungsbereich des TVöD, TV-L oder TV-H ist nicht möglich.

---

7 U.a. BAG, Urteil vom 21. August 2013 – 4 AZR 656/11 mit weiteren Verweisen.

13. Welche Bedeutung hat das Weisungsrecht des Arbeitgebers?

Die Hauptpflicht der Beschäftigten aus dem Arbeitsvertrag ist die Erbringung der Arbeitsleistung (§ 611a Abs. 1 BGB). Der Arbeitgeber ist zur Zahlung der arbeits- bzw. tarifvertraglich vereinbarten Vergütung verpflichtet (§ 611a Abs. 2 BGB). Aufgrund des Weisungsrechts gemäß § 611a Abs. 1 BGB i. V. m. § 106 GewO hat der Arbeitgeber das Recht, die Arbeitsbedingungen hinsichtlich Ort, Inhalt und Arbeitszeit zu konkretisieren, sofern diese nicht durch den Arbeitsvertrag, eine Betriebs- oder Dienstvereinbarung, einen Tarifvertrag oder gesetzliche Vorschriften festgelegt sind. Wenn im Arbeitsvertrag eine konkrete Tätigkeit vereinbart wurde, ist der Arbeitgeber daran gebunden und kann dem/der Beschäftigten keine andere Tätigkeit durch einseitige Weisung zuweisen. Eine Änderung der Tätigkeit wäre nur durch eine Änderung des Arbeitsvertrags möglich. Der Spielraum des Arbeitgebers, Weisungen zu erteilen, ist umso geringer, je genauer die Tätigkeit und die Einzelheiten der Beschäftigung des/der Arbeitnehmer:in im Arbeitsvertrag festgeschrieben sind.[8] Wurde im Arbeitsvertrag nur eine Entgeltgruppe benannt, darf der Arbeitgeber grundsätzlich alle Tätigkeiten zuweisen, die dem Tätigkeitsmerkmal und der damit verbundenen Qualifikation entsprechen. Werden dauerhaft höherwertige Tätigkeiten zugewiesen, kann das Folgen für die Eingruppierung haben. Eine Ausnahme besteht, wenn einem Beschäftigten nur vorübergehend eine höherwertige Tätigkeit übertragen wird (§ 14 TVöD). In diesem Fall liegt keine Höhergruppierung vor und der:die Beschäftigte bleibt der Entgeltgruppe zugehörig, in die er:sie eingruppiert ist.[9]

14. Welche Rolle spielt die Rechtsprechung der Arbeitsgerichte bei der Eingruppierung der Beschäftigten?

Die Rechtsprechung der Arbeitsgerichte spielt insbesondere bei Eingruppierungsklagen von Beschäftigten eine wichtige Rolle. Sie legen die tarifvertraglichen Regelungen zur Eingruppierung sowie die Voraussetzungen

8 ErfK/Preis, 25. Auflage 2025, GewO § 106 Rn. 8.
9 BAG, Urt. v. 16. April 2015 – 6 AZR 242/14.

für das Vorliegen der Tätigkeitsmerkmale aus den Entgeltordnungen der Tarifverträge aus.

15. Wie werden Durchführungshinweise, Eingruppierungsrichtlinien und Erlasse in der Ordnung der Normenhierarchie bewertet?

Erlasse, Rundschreiben oder Durchführungshinweise, beispielsweise des Bundesministeriums des Innern, des Verbandes der kommunalen Arbeitgeber oder der Länder (z. B. zu den Eingruppierungsvorschriften, zur Auslegung und Umsetzung der Entgeltordnungen), entfalten nach der Rechtsprechung des Bundesarbeitsgerichts keine unmittelbare Wirkung im Arbeitsverhältnis. Sie stellen lediglich verwaltungsinterne öffentlich-rechtliche Akte dar.[10] Die Grundlage für die korrekte Eingruppierung bilden die einschlägigen Regelungen der Tarifverträge des öffentlichen Dienstes sowie die Tätigkeitsmerkmale der Entgeltordnungen.

10 BAG, Urteil vom 23. September 2010 – 6 AZR 174/09.

B. Grundlagen der Eingruppierung im öffentlichen Dienst

Struktur der Eingruppierung

16. Was sind die zentralen Regelungen zur Eingruppierung in den Tarifverträgen des öffentlichen Dienstes?

Abschnitt III der Tarifverträge im öffentlichen Dienst enthält die Eingruppierungsvorschriften. Die §§ 12, 13 TVöD/TV-L sind die zentralen Regelungen zur Eingruppierung. Ergänzend gibt es die Tätigkeitsmerkmale in den Entgeltordnungen.

17. Wie wird das Entgelt gebildet?

Die Bestimmungen zur Eingruppierung in §§ 12, 13 TVöD/TV-L, die Tätigkeitsmerkmale in den Entgeltordnungen sowie die Regelungen zur Stufenzuordnung gemäß §§ 16, 17 TVöD/TV-L bilden die zentralen Grundlagen für die Bestimmung des individuellen Entgelts der Beschäftigten. In allen Tarifverträgen des öffentlichen Dienstes gibt es Entgelttabellen, aus denen die Beträge abgelesen werden können, die sich aus der Entgeltgruppe und der Stufe ergeben. Die Beträge in diesen Tabellen werden regelmäßig von den Tarifvertragsparteien in speziellen Tarifrunden für die jeweiligen Tarifverträge und Beschäftigten im öffentlichen Dienst verhandelt.

18. Was ist eine Entgeltordnung?

Entgeltordnungen sind Sammlungen[11] von Eingruppierungsnormen mit rechtlich verbindlichem Charakter. Sie beschreiben die Anforderungen und Voraussetzungen für die Zuordnung von Tätigkeiten zu den Entgeltgruppen und deren tarifliche Wertigkeit. Aufgrund der Eingruppierung haben die Beschäftigten einen tariflichen Anspruch auf das mit der Entgeltgruppe verbundene Entgelt (§ 194 BGB).

Der Begriff »Entgeltordnung« ist etwas irreführend, da darin keine Informationen über das Entgelt, sondern das Verzeichnis der Grundlagen für die jeweilige Eingruppierung enthalten sind. In einigen an die Tarifverträge des öffentlichen Dienstes angelehnten Tarifverträgen wird deshalb auch der Begriff »Eingruppierungsverzeichnis« verwendet.

19. Wo ist die Entgeltordnung im Tarifvertrag zu finden?

Im TVöD (VKA) ist die Entgeltordnung die Anlage 1, der TVöD (Bund) hat einen eigenen »Tarifvertrag über die Entgeltordnung des Bundes (TV EntgO Bund)«, im TV-L ist es die Anlage A. In anderen, inhaltlich ähnlich zum TVöD/TV-L abgeschlossenen Tarifverträgen gibt es für den jeweiligen Geltungsbereich eigene Entgeltordnungen oder Eingruppierungsverzeichnisse.

20. Wie sind die Entgeltordnungen aufgebaut?

Sie bestehen in der Regel aus:

- einem Inhaltsverzeichnis,
- den »Grundsätzlichen Eingruppierungsregelungen (Vorbemerkungen)«, die Hinweise zum Umgang mit der Entgeltordnung enthalten, beispielsweise den Vorrang spezieller Tätigkeitsmerkmale, sowie
- den verschiedenen Teilen für die jeweiligen Beschäftigtengruppen mit den allgemeinen (»Allgemeiner Teil«) und besonderen speziellen Tä-

11 Krasemann, Klaus »Das Eingruppierungsrecht des BAT/BAT-O«, S. 178.

tigkeitsmerkmalen (»Besonderer Teil«). Die Teile sind darüber hinaus in Abschnitte gegliedert. Diese enthalten dann je nach Beschäftigtengruppen die (speziellen) Tätigkeitsmerkmale.

Die Tätigkeitsmerkmale selbst und deren Fallgruppen enthalten u. a. tätigkeitsbezogene Anforderungen (z. B. schwierige oder selbstständige Leistungen) oder qualifikationsbezogene Anforderungen (z. B. »Beschäftigte in… mit erfolgreicher dreijähriger Berufsausbildung«, »Pflegerinnen und Pfleger mit mindestens dreijähriger Ausbildung«, »Sozialarbeiterinnen/Sozialarbeiter und Sozialpädagoginnen/Sozialpädagogen mit staatlicher Anerkennung«).

Anders als im TVöD (VKA) und TV-L sind die grundsätzlichen Eingruppierungsregelungen im Tarifvertrag über die Entgeltordnung des Bundes nicht in den Vorbemerkungen, sondern in den Paragrafen des Tariftextes enthalten.

21. Gibt es für die Branchen und jeweiligen Arbeitsbereiche im öffentlichen Dienst eigene spezielle Tätigkeitsmerkmale in den Entgeltordnungen?

Neben den allgemeinen Eingruppierungsmerkmalen für den allgemeinen Verwaltungsdienst gibt es im TVöD (VKA) beispielsweise über 30 Abschnitte in der Entgeltordnung mit besonderen speziellen Tätigkeitsmerkmalen für Beschäftigte in Gesundheitsberufen, im Sozial- und Erziehungsdienst, in Bäderbetrieben, in Häfen und Fährbetrieben sowie als Schulhausmeister:innen und für viele weitere Arbeitsbereiche. Auch die Entgeltordnung des TV-L enthält in Teil II der Entgeltordnung spezielle Tätigkeitsmerkmale, die sich auf die Aufgabenbereiche und Beschäftigtengruppen der Länder beziehen. Der Teil III des TV EntgO Bund enthält die Tätigkeitsmerkmale für die besondere Beschäftigtengruppe.

22. Welche Entgelttabellen gibt es im TVöD?

Alle Beschäftigten des Bundes erhalten ihr Entgelt gemäß Anlage A des TVöD-V (Bund). Beschäftigte der Mitglieder eines Mitgliedverbandes der VKA erhalten ihr Entgelt nach Anlage A des TVöD-V (VKA). In den jeweiligen Anlagen A werden alle entsprechend ihrer Entgeltgruppe und Stufe vergütet, sofern sie nicht unter eine Tabelle für Beschäftigtengruppen des Sozial- und Erziehungsdienstes (Anlage C »S-Entgelttabelle« zum TVöD-V), der Pflege (Anlage E »Pflegedienst« zum TVöD-K) oder für Ärzt:innen (Anlage C zum TVöD-K) fallen.
Die Entgelttabelle der Anlage umfasst die Entgeltgruppen 2 bis 15, die S-Tabelle die Entgeltgruppen S 2 bis S 18 und die Tabelle für den Pflegedienst die Entgeltgruppen P 5 bis P 16. Grundsätzlich umfassen alle Entgeltabellen sechs Stufen.

23. Welche Entgelttabellen gibt es im TV-L bzw. TV-H?

Die Höhe der Tabellenentgelte für die Beschäftigten im Geltungsbereich des TV-L ist in den Anlagen B und C (Entgelttabelle für Pflegekräfte, z. B. an Universitätskliniken) festgelegt.
Die Entgelttabellen sind im TV-Hessen in den Anlagen B (Allgemeine Entgelttabelle EG 1 bis 16), C (für Pflegekräfte) und F (für Beschäftigte im Sozial- und Erziehungsdienst) zu finden.

Systematik der Eingruppierung (Grundsätze)

24. In welchen Paragrafen im TVöD/TV-L bzw. TV-H ist die Systematik der Eingruppierung geregelt?

Die Systematik und die Grundsätze der Eingruppierung sind in den §§ 12 und 13 der Tarifverträge für den öffentlichen Dienst festgelegt. Dabei handelt es sich um die Grundnormen zur Eingruppierung im TVöD (Bund) und TVöD (VKA), die für die Zuordnung von Beschäftigten zu Entgeltgruppen maßgeblich sind. Gleiches gilt für den TV-L und den TV-H: Auch hier ist die Eingruppierung in den §§ 12 und 13 geregelt.

Die Eingruppierungssystematik entspricht weitgehend den Regelungen der früheren §§ 22, 23 BAT/BAT-O. Deshalb können die beim Bestehen des BAT entwickelten Auslegungsgrundsätze und die Rechtsprechung der Arbeitsgerichte herangezogen werden.

25. Was regelt § 12 TVöD/TV-L bzw. TV-H zur Eingruppierung der Beschäftigten?

Die Systematik der Eingruppierung ist in den §§ 12, 13 TVöD/TV-L geregelt. Sie bilden die Kernvorschriften für die Eingruppierung der Beschäftigten im Geltungsbereich der Tarifverträge des öffentlichen Dienstes.

26. Was sind die wichtigsten Kernaussagen?

Der/die Beschäftigte erhält Entgelt nach der Eingruppierung, in die er/sie eingruppiert »ist« (§ 12 Abs. 1 Satz 2 TVöD/TV-L). Das heißt, Beschäftigte werden nicht per Rechtsakt eingruppiert, sondern sie sind automatisch in der Entgeltgruppe eingruppiert, deren Tätigkeitsmerkmale ihrer gesamten »auszuübenden Tätigkeit« entsprechen, die sie nicht nur vorübergehend ausüben. Die Eingruppierung erfolgt ausschließlich auf Basis der tarifvertraglichen Wertigkeit, die in den Entgeltordnungen festgelegt ist.[12]
Entspricht die Tätigkeit nicht nur einer vorübergehenden Tätigkeit, »ist« der/die Arbeitnehmer:in automatisch in die betreffende Entgeltgruppe eingruppiert. Dies stellt die sogenannte »Tarifautomatik« dar. Danach ergibt sich die richtige Einreihung des/der Arbeitnehmer:in durch Subsumtion, d. h. Zuordnung der auszuübenden Tätigkeit, der Qualifikation und der beruflichen Erfahrung unter die abstrakt-generellen Merkmale der bei dem Arbeitgeber angewandten Entgeltordnung.[13]
§ 12 TVöD/TV-L schreibt außerdem vor, dass im Rahmen der Tarifautomatik Arbeitsvorgänge zur Bewertung der Tätigkeit gebildet werden müssen.

12 Krasemann, Klaus »Das Eingruppierungsrecht des BAT/BAT-O«, S. 85.
13 BVerwG, Beschluss vom 8. Januar 2025 – 5 P 2/23.

Tätigkeitsmerkmale

27. Was sind Tätigkeitsmerkmale?

Die Tarifvertragsparteien sind im Rahmen ihrer rechtlichen Gestaltungsmöglichkeiten[14] befugt, häufig vorkommende, typische Arbeitsaufgaben und Tätigkeiten bestimmten Entgeltgruppen fest zuzuordnen[15]. Diese Zuordnung erfolgt in den sogenannten »Tätigkeitsmerkmalen« innerhalb der Entgeltordnungen der Tarifverträge im öffentlichen Dienst. Sie beschreiben die für die Eingruppierung in die Entgeltgruppe relevanten Merkmale, Anforderungen an die Qualifikation und Voraussetzungen für die Erledigung der Tätigkeit auf einer dafür in der Arbeitsorganisation des Betriebs/der Dienststelle bestimmten Arbeitsstelle.

28. Wie sind die Tätigkeitsmerkmale aufgebaut?

Die Tätigkeitsmerkmale sind in Entgeltgruppen eingeordnet. Diese setzen sich grundsätzlich zusammen aus:

- der Bezeichnung der Beschäftigtengruppe,
- personenbezogenen Anforderungen (Qualifikation),
- tätigkeitsbezogenen Anforderungen und
- Klammerzusätzen mit erläuternden Definitionen.

Beispiel (mit allgemeiner Beschäftigtengruppe): EG 5, Anlage 1 TVöD (VKA), Teil A, Abschnitt 1, Ziffer 3:
»Entgeltgruppe 5
1. Beschäftigte mit erfolgreich abgeschlossener Ausbildung in einem anerkannten Ausbildungsberuf mit einer Ausbildungsdauer von mindestens drei Jahren und entsprechender Tätigkeit.
2. Beschäftigte, deren Tätigkeit gründliche Fachkenntnisse erfordert.«
(Gründliche Fachkenntnisse erfordern nähere Kenntnisse von Rechtsvorschriften oder näheres kaufmännisches oder technisches Fachwissen usw. des Aufgabenkreises.)

---

14 Resultierend aus der Koalitionsfreiheit nach Art. 9 Abs. 3 GG.

15 BAG vom 12. Juni 2019 – 4 AZR 363/18, Rn. 17, juris.

Beispiel (mit spezieller Beschäftigtengruppe): EG 7, Anlage 1 TVöD (VKA), Teil A, Abschnitt XI, Ziffer 6:
»Entgeltgruppe 7
Ergotherapeutinnen und Ergotherapeuten mit staatlicher Anerkennung und entsprechender Tätigkeit.«
Weitere Bestandteile der Tätigkeitsmerkmale der Entgeltgruppe können Protokollerklärungen sein.

Beispiel: EG S 2, Anlage 1 TVöD (VKA), Teil B, Abschnitt XXIV:
»Beschäftigte in der Tätigkeit von Kinderpflegerinnen/Kinderpflegern, Sozialassistentinnen/Sozialassistenten und Heilerziehungspflegehelferinnen/Heilerziehungspflegehelfern mit staatlicher Anerkennung oder mit staatlicher Prüfung.«
(Hierzu Protokollerklärungen Nrn. 1 und 3)

29. Welche Funktion haben die Protokollerklärungen in den Tätigkeitsmerkmalen?

In den Entgeltordnungen, insbesondere in den speziellen Tätigkeitsmerkmalen, sind an zahlreichen Stellen Protokollerklärungen angefügt, die sich meist am Ende eines Abschnitts oder einer Ziffer befinden. Diese sind ebenfalls Bestandteil des Tarifvertrags bzw. der Entgeltordnung und der Tätigkeitsmerkmale. Sie stellen eigene Anspruchsgrundlagen (§ 194 BGB) dar. Als zwingendes Tarifrecht müssen sie bei der Eingruppierung der Beschäftigten oder Gewährung von Zulagen berücksichtigt werden.

Beispiel 1: Protokollerklärungen Nr. 1 zur Anlage 1 TVöD (VKA), Teil B, Abschnitt XXIV:
»Die Beschäftigten – ausgenommen die in Entgeltgruppe S 4 bei Tätigkeiten der Fallgruppe 2, Entgeltgruppe S 7, Entgeltgruppe S 8a bei Tätigkeiten der Fallgruppe 2 und Entgeltgruppe S 8b bei Tätigkeiten der Fallgruppe 2 eingruppierten Beschäftigten – erhalten für die Dauer der Tätigkeit in einer besonderen Wohnform (insbesondere stationäre Einrichtungen, Wohngruppen für Menschen mit Behinderung im Sinne von SGB IX, Kinder- und Jugendwohnheimen oder vergleichbaren Einrichtungen [Heim]) oder in der ambulant unterstützten Einzel- oder Gruppenbetreuung, wenn diese als Präsenzleistung durchgängig für 24 Stunden täglich erfolgt, oder in der Heimerziehung nach § 34 SGB VIII eine Zulage in Höhe von 100,00 Euro monatlich, wenn dort ein überwiegender Teil der Menschen mit durchgängigem Unterstützungs- oder Betreuungsbedarf untergebracht ist bzw. betreut wird; überwiegt der Teil der Menschen mit durchgängigem Unterstützungs- oder Betreuungsbedarf nicht, beträgt die Zulage 50,00 Euro monatlich. Für die in Entgeltgruppe S 15 bei Tätigkeiten der Fallgruppe 5, S 16 bei Tätigkeiten der Fallgruppen 5 und 6, S 17 bei Tätigkeiten der Fallgruppe 5 und S 18 bei Tätigkeiten

der Fallgruppe 3 eingruppierten Beschäftigten gilt Satz 1 für die Dauer der Tätigkeit in einem Wohnheim für erwachsene Menschen mit Behinderung entsprechend. Für die in Entgeltgruppe S 4 bei Tätigkeiten der Fallgruppe 2, Entgeltgruppe S 7, Entgeltgruppe S 8a bei Tätigkeiten der Fallgruppe 2 und Entgeltgruppe S 8b bei Tätigkeiten der Fallgruppe 2 eingruppierten Beschäftigten in einem Heim im Sinne des Satzes 1 erster Halbsatz beträgt die Zulage 65,00 Euro monatlich. Die Zulage wird nur für Zeiträume gezahlt, in denen Beschäftigte einen Anspruch auf Entgelt oder Fortzahlung des Entgelts nach § 21 haben. Sie ist bei der Bemessung des Sterbegeldes (§ 23 Abs. 3) zu berücksichtigen.«

Beispiel 2: Protokollerklärung Nr. 1 zur Anlage 1 TVöD (VKA), Teil B, Abschnitt XI, Ziffer 1:

»1. Beschäftigte der Entgeltgruppen P 5 bis P 9, die die Grund- und Behandlungspflege zeitlich überwiegend bei
a) an schweren Infektionskrankheiten erkrankten Patientinnen oder Patienten (z.B. Tuberkulose-Patientinnen oder -Patienten), die wegen der Ansteckungsgefahr in besonderen Infektionsabteilungen oder Infektionsstationen untergebracht sind,
b) Kranken in geschlossenen oder halbgeschlossenen (Open-door-system) psychiatrischen Abteilungen oder Stationen,
c) Kranken in geriatrischen Abteilungen und Stationen,
d) Gelähmten oder an multipler Sklerose erkrankten Patientinnen und Patienten,
e) Patientinnen oder Patienten nach Transplantationen innerer Organe oder von Knochenmark,
f) an AIDS (Vollbild) erkrankten Patientinnen oder Patienten,
g) Patientinnen oder Patienten, bei denen Chemotherapien durchgeführt oder die mit Strahlen oder mit inkorporierten radioaktiven Stoffen behandelt werden,
ausüben, erhalten für die Dauer dieser Tätigkeit eine monatliche Zulage in Höhe von 46,02 Euro.«

30. Was beinhaltet der »Grundsatz der Spezialität«?

Der eingruppierungsrechtliche Spezialitätsgrundsatz zielt darauf ab, eine Konkurrenz zwischen Tätigkeitsmerkmalen für die gesamte Entgeltordnung zu vermeiden. Er verbietet die Zuordnung einzelner Tätigkeiten zu allgemeinen Tätigkeitsmerkmalen, wenn für sie spezielle Tätigkeitsmerkmale vorgesehen sind.[16]

Der »Grundsatz der Spezialität« ist in den Vorbemerkungen der jeweiligen Entgeltordnung festgelegt, beispielsweise in Anlage 1, Ziffer 1 Abs. 1 TVöD (VKA). Demnach gelten die allgemeinen Tätigkeitsmerkmale für Beschäftigte, deren Tätigkeit in einem speziellen Tätigkeitsmerkmal auf-

16 BAG, Urteil vom 17. Juli 2024 – 4 AZR 273/23.

geführt ist, nicht. Die speziellen Tätigkeitsmerkmale sind vorrangig zu prüfen. Wenn ein Arbeitsvorgang oder Funktionsmerkmal ein solches Tätigkeitsmerkmal erfüllt, ist die Anwendung des Allgemeinen Teils nach dem Spezialitätsprinzip ausgeschlossen.[17]

31. Welche Funktion erfüllen die »allgemeinen Tätigkeitsmerkmale«?

Aufgrund des Spezialitätsgrundsatzes haben die allgemeinen Tätigkeiten auch eine »Auffangfunktion«: Werden Tätigkeiten nicht von den speziellen Tätigkeitsmerkmalen erfasst, sind sie den allgemeinen Tätigkeiten zuzuordnen. In der Niederschriftserklärung Nr. 2 zu § 3 Abs. 4 TV EntgO Bund bzw. in der Protokollerklärung zu den Vorbemerkungen Nr. 1 Satz 2 der Anlage 1 des TVöD (VKA) erklären beispielsweise die Tarifvertragsparteien, dass die allgemeinen Tätigkeitsmerkmale für den Verwaltungsdienst eine Auffangfunktion im gleichen Umfang besitzen wie die bisherigen ersten Fallgruppen des allgemeinen Teils der Anlage 1a der Vergütungsordnungen, die durch die neuen Entgeltordnungen der Tarifverträge des öffentlichen Diensts das BAT abgelöst haben.

Die allgemeinen Tätigkeitsmerkmale erfüllen demnach auch eine Auffangfunktion. Das bedeutet, dass sie auch für Tätigkeiten herangezogen werden können, die nicht zu den eigentlichen Tätigkeiten im Büro-, Buchhaltungs- und sonstigen Innendienst sowie Außendienst gehören.[18]

32. Wie unterscheiden sich die (speziellen) Tätigkeitsmerkmale?

Je nach Beschäftigtengruppe, Tätigkeitstyp, Komplexität der Arbeit, Anforderungen an die Qualifikation und fachlicher Ausrichtung unterscheiden sich die Tätigkeitsmerkmale. Bei Verwaltungstätigkeiten dominieren formale Qualifikationen wie die Berufsausbildung und tätigkeitsbezogene Merkmale (z. B. gründliche Fachkenntnisse), während in Gesundheits-

17 BAG, Urteil vom 22. Juni 2022 – 4 AZR 440/21.

18 Natter in: Groeger, Arbeitsrecht im Öffentlichen Dienst, 3. Aufl. 2020, Die Grundsätze der Eingruppierung, Rn. 23_95.

oder sozialen Berufen, in technischen Bereichen sowie oft in der Tätigkeit selbst und deren Rahmenbedingungen die Entscheidung über die Eingruppierung getroffen wird.

33. Was sind Fallgruppen?

Den Entgeltgruppen sind oft mehrere Tätigkeitsmerkmale zugeordnet. Um die Zitierweise zu vereinfachen, wurden diesen Nummern zugewiesen. Diese werden als »Fallgruppen« bezeichnet, da sie in der Entgeltgruppe verschiedene Tätigkeitsfälle (Gruppen) abdecken.

> **Beispiel 1: EG 8, Anlage 1 TVöD (VKA), Teil B, Abschnitt XI, Ziffer 1:**
> *»Entgeltgruppe 8*
> *1. Geprüfte Meisterinnen und Meister für Bäderbetriebe mit entsprechender Tätigkeit.*
> *2. Fachangestellte für Bäderbetriebe mit Abschlussprüfung als Badbetriebsleiterinnen oder -leiter.«*
>
> **Beispiel 2: EG 3, TV EntgO Bund, Teil III, Nr. 9:**
> *»Entgeltgruppe 3*
> *1. Botinnen und Boten.*
> *2. Pförtnerinnen und Pförtner«*

34. Wie sind »sonstige Beschäftigte« definiert?

In vielen Tätigkeitsmerkmalen wird ein Ausbildungserfordernis (zum Beispiel eine abgeschlossene wissenschaftliche Hochschulausbildung) als personenbezogene Anforderung verlangt. Zusätzlich werden im Tätigkeitsmerkmal aber auch »sonstige Beschäftigte« aufgeführt, die aufgrund gleichwertiger Fähigkeiten und Erfahrungen eine entsprechende Tätigkeit ausüben und dem Tätigkeitsmerkmal zuzuordnen sind.

> **Beispiel: EG 13 (in allen Entgeltordnungen):**
> *»Beschäftigte mit abgeschlossener wissenschaftlicher Hochschulbildung und entsprechender Tätigkeit in der Forschung sowie sonstige Beschäftigte, die aufgrund gleichwertiger Fähigkeiten und ihrer Erfahrungen entsprechende Tätigkeiten ausüben.«*

Das Tätigkeitsmerkmal der »gleichwertigen Fähigkeiten und Erfahrungen« ist ein unbestimmter Rechtsbegriff. Das bedeutet, dass die Rechtsprechung auslegt, was darunter zu verstehen ist. Nach der ständigen Rechtsprechung des Bundesarbeitsgerichts[19] sind für die Erfüllung des Tätigkeitsmerkmals »gleichwertigen Fähigkeiten und Erfahrungen« eine Gleichwertigkeit in Wissen und Können Voraussetzung. Damit sind die in den personenbezogenen Anforderungen der genannten Ausbildung vermittelten Fähigkeiten gemeint. Die Rechtsprechung fordert jedoch nicht die gleichen, sondern *gleichwertige* Fähigkeiten. Entscheidend ist daher nicht identisches Wissen, sondern eine ähnlich gründliche Beherrschung eines ebenso umfangreichen Wissensgebiets. Im Rahmen einer Eingruppierungsfeststellungsklage vor den Arbeitsgerichten wird geprüft, ob eine gleichwertige Qualifikation mit vergleichbaren Ausbildungsinhalten vorliegt, um eine entsprechende Eingruppierung als sonstige Beschäftigte zu rechtfertigen. Darüber hinaus ist es erforderlich, dass der/die Beschäftigte die entsprechenden Voraussetzungen darlegen und beweisen kann. In der Praxis erweist sich dies jedoch oft als Herausforderung.

35. Wie werden Beschäftigte eingruppiert, die die personenbezogenen Voraussetzungen nicht erfüllen und auch keine »sonstigen Beschäftigten« sind?

Wenn in einem Tätigkeitsmerkmal eine bestimmte Vorbildung oder Ausbildung als Anforderung festgelegt ist und Beschäftigte diese nicht besitzen, werden sie – sofern nicht auch »sonstige Beschäftigte« von diesem Tätigkeitsmerkmal erfasst werden – in der nächst niedrigeren Entgeltgruppe eingruppiert, sofern sie die sonstigen Anforderungen dieses Tätigkeitsmerkmals erfüllen.[20]

---

19 BAG, Urteil vom 13. Dezember 1978 – 4 AZR 322/77, BAG, Urteil vom 13. November 1996 – 4 AZR 289/95.

20 Vorbemerkungen Nr. 2 der Anlage 1 TVöD (VKA), § 12 Abs. 2 TV EntgO Bund, Vorbemerkungen Nr. 1 Abs. 2 Anlage A TV-L.

36. Was sind Heraushebungsmerkmale?

Die Entgeltgruppen der Entgeltordnung weisen unterschiedliche Wertigkeiten und Wertebenen[21] auf. Die Entgeltgruppen 1 bis 15 spiegeln die Entgeltstruktur für **allgemeine Tätigkeiten** von Beschäftigten im Büro-, Buchhaltungs- und sonstigen Innendienst sowie im Außendienst wider. Sie reichen von einfachen Tätigkeiten bis zu Tätigkeiten, die sich durch besondere Schwierigkeit und Bedeutung oder ein hohes Maß an Verantwortung auszeichnen.
In den **speziellen besonderen Tätigkeitsmerkmalen** gibt es zum Teil andere Staffelungen, beginnend für Beschäftigte im Sozial- und Erziehungsdienst mit der Entgeltgruppe S2 und die höchste Entgeltgruppe ist die S15. Für Beschäftigte im Bereich Kommunikations- und Informationstechnik, die dem Tarifvertrag für den öffentlichen Dienst (TV EntgO Bund) unterliegen, gelten ähnliche Staffelungen. Die Entgeltgruppen reichen von 7 bis 13. Die Tätigkeitsmerkmale bauen sukzessive aufeinander auf, beginnend mit der unteren Entgeltgruppe. Die Heraushebungsmerkmale umfassen Tätigkeitsmerkmale, die einerseits die Voraussetzungen für die Eingruppierung in die untere Entgeltgruppe erfüllen. Darüber hinaus ist das Vorliegen eines weiteren qualifizierenden Tätigkeitsmerkmals erforderlich, um die Anforderungen der höheren Entgeltgruppe zu erfüllen.

Beispiel: Beschäftigte in der Informations- und Kommunikationstechnik EG 7 bis EG 9a, Anlage 1 TVöD (VKA), Teil A, Abschnitt I, Ziffer 3:

»Entgeltgruppe 6
1. Beschäftigte mit einschlägiger abgeschlossener Berufsausbildung (z.B. Fachinformatikerinnen und -informatiker der Fachrichtungen Anwendungsentwicklung oder Systemintegration, Technische Systeminformatikerinnen und -informatiker, IT-System-Kaufleute oder IT-Systemelektronikerinnen und -elektroniker) und entsprechender Tätigkeit sowie sonstige Beschäftigte, die aufgrund gleichwertiger Fähigkeiten und ihrer Erfahrungen entsprechende Tätigkeiten ausüben.
2. Beschäftigte, deren Tätigkeit gründliche und vielseitige Fachkenntnisse erfordert. (Gründliche Fachkenntnisse erfordern nähere Kenntnisse von Rechtsvorschriften oder näheres kaufmännisches oder technisches Fachwissen usw. des Aufgabenkreises. Die gründlichen und vielseitigen Fachkenntnisse brauchen sich nicht auf das gesamte Gebiet der Verwaltung [des Betriebes], bei der die/der Beschäftigte tätig ist, zu beziehen. Der Aufgabenkreis der/des Beschäftigten muss aber so gestaltet sein, dass er nur beim

21 Krasemann, Klaus »Das Eingruppierungsrecht des BAT/BAT-O«, S. 269.

Vorhandensein gründlicher und vielseitiger Fachkenntnisse ordnungsgemäß bearbeitet werden kann.)

Entgeltgruppe 7
Beschäftigte der Entgeltgruppe 6, die ohne Anleitung tätig sind.

Entgeltgruppe 8
Beschäftigte der Entgeltgruppe 7, deren Tätigkeit über die Standardfälle hinaus Gestaltungsspielraum erfordert.

Entgeltgruppe 9a
Beschäftigte der Entgeltgruppe 8, deren Tätigkeit zusätzliche Fachkenntnisse erfordert.«

37. Wie ist das Verhältnis der Tätigkeitsmerkmale der Ausgangsentgeltgruppen mit den Heraushebungsmerkmalen der aufbauenden Entgeltgruppen?

Nach der Rechtsprechung des Bundesarbeitsgerichts[22] erfolgt die Prüfung, ob die Tätigkeitsmerkmale einer höheren Entgeltgruppe vorliegen, von der unteren zur oberen Entgeltgruppe.
Die Prüfung[23] erfolgt in folgender Reihenfolge:

1. Liegen die Tätigkeitsmerkmale der Ausgangsentgeltgruppe vor?
2. Liegen die qualifizierenden Heraushebungsmerkmale der höheren Entgeltgruppe vor?

Beispiel für Beschäftigte in der Informationstechnik: Prüfung Vorliegen der Voraussetzungen EG 9a
Beschäftigte sind in die Entgeltgruppe (EG) 9a einzugruppieren, wenn die Tätigkeitsmerkmale der Entgeltgruppen (EG) 6, 7 und 8 sowie zusätzlich das Heraushebungsmerkmal »[…] deren Tätigkeit zusätzliche Fachkenntnisse […]« vorliegen.

Im Falle einer Eingruppierungsfeststellungsklage muss die:der klagende Beschäftigte:r darlegen, warum sich eine bestimmte Tätigkeit aus der in der Ausgangsfallgruppe erfassten Grundtätigkeit heraushebt und einen

22 BAG, Urteil vom 9. Dezember 2015 – 4 AZR 11/13 (mit weiteren Verweisen auf Entscheidungen des BAG).
23 U. a. BAG, Urteil vom 21. Januar 2015 – 4 AZR 253/13.

wertenden Vergleich mit Tätigkeiten, die nicht unter das Heraushebungsmerkmal fallen, erlaubt.[24]

38. Was sind unbestimmte Rechtsbegriffe in den Tätigkeitsmerkmalen?

Unbestimmte Rechtsbegriffe sind Begriffe in Tätigkeitsmerkmalen, die von den Tarifvertragsparteien nicht definiert wurden. Bei der Rechtsanwendung und der Zuordnung von Tätigkeiten zu den Merkmalen einer Entgeltgruppe müssen sie ausgelegt werden.
Beispiele: aus den allgemeinen Tätigkeitsmerkmalen der Entgeltordnungen

- Beschäftigte mit **schwierigen** Tätigkeiten.
- Beschäftigte, deren Tätigkeit **gründliche Fachkenntnisse** erfordert.
- Beschäftigte, deren Tätigkeit **gründliche, umfassende Fachkenntnisse und selbstständige Leistungen** erfordert.

39. Wer legt die unbestimmten Rechtsbegriffe aus?

Die Auslegung und Definition unbestimmter Rechtsbegriffe in den Tätigkeitsmerkmalen können durch den Arbeitgeber, die gesetzlichen Interessenvertretungen bei Ausübung ihrer Beteiligungsrechte, die Beschäftigten oder die Gewerkschaften erfolgen. Über die Auslegung und Anwendung der Tätigkeitsmerkmale entscheiden jedoch letztlich die Arbeitsgerichte.

40. Wie werden unbestimmte Rechtsbegriffe ausgelegt?

Das Bundesarbeitsgericht hat Grundsätze zur Auslegung von Tarifverträgen entwickelt. Diese gelten auch für die Auslegung von »unbestimmten Rechtsbegriffen«. Nach dieser Rechtsprechung gelten für Tarifverträge die gleichen Regeln wie für die Auslegung von Gesetzen. Zunächst ist immer vom Tarifwortlaut und seiner möglichen Bedeutung auszugehen. Bei

24 BAG, Urteil vom 19. Mai 2010 – 4 AZR 912/08.

einem nicht eindeutigen Tarifwortlaut ist der wirkliche Wille der Tarifvertragsparteien zu berücksichtigen, soweit er in den tariflichen Normen seinen Niederschlag gefunden hat. Darüber hinaus ist der tarifliche Gesamtzusammenhang zu berücksichtigen, da er Anhaltspunkte für den wirklichen Willen der Tarifvertragsparteien liefern kann und nur so der Sinn und Zweck der Tarifnorm zutreffend ermittelt werden kann. Führen diese Methoden zu keinem zweifelsfreien Ergebnis, können weitere Kriterien wie die Entstehungsgeschichte, die praktische Tarifübung oder die Praktikabilität ergänzend hinzugezogen werden. Im Zweifel gebührt der Tarifauslegung der Vorzug, die zu einer vernünftigen, sachgerechten, zweckorientierten und praktisch brauchbaren Regelung führt.[25]

Bei der Auslegung unbestimmter Rechtsbegriffe sind, sofern vorhanden, Definitionen in Klammerzusätzen oder Protokollerklärungen zu den Tätigkeitsmerkmalen zu berücksichtigen.

Beispiele: aus den allgemeinen Tätigkeitsmerkmalen der Entgeltordnungen

Beschäftigte mit **schwierigen** Tätigkeiten.

Beispiel Klammerzusatz EG 3, Anlage 1 TVöD (VKA), Teil A, Abschnitt I, Ziffer 2:
»(Schwierige Tätigkeiten sind Tätigkeiten, die mehr als eine eingehende fachliche Einarbeitung im Sinne der Entgeltgruppe 3 erfordern. Danach müssen Tätigkeiten anfallen, die an das Überlegungsvermögen oder das fachliche Geschick Anforderungen stellen, die über das Maß dessen hinausgehen, was üblicherweise von Beschäftigten der Entgeltgruppe 3 verlangt werden kann.)«

Häufig sind in diesen Klammerzusätzen oder Protokollerklärungen auch »unbestimmte Rechtsbegriffe« enthalten.

Praxistipp:
Zur Auslegung der »unbestimmten Rechtsbegriffe« gibt es unzählige Entscheidungen der Arbeitsgerichte. Ohne rechtliche Beratung, beispielsweise vom gewerkschaftlichen Rechtsschutz, die Nutzung vertiefender Kommentare oder die Aneignung von Spezialwissen in Seminaren für gesetzliche Interessenvertretungen zum Eingruppierungsrecht des öffentlichen Dienstes ist es nicht möglich, sich über den aktuellen Stand der Rechtsprechung zur Anwendung und Auslegung der Tätigkeitsmerkmale zu informieren.

---

25 StRspr zB BAG 11. Juni 2012 – 10 AZR 236/11, NJOZ 2012, 1754 Rn. 12 = NZA-RR 2013, 280 Os.; 20. März 2012 – 9 AZR 518/10, NJOZ 2012, 1274 Rn. 15 = NZA-RR 2012, 616 Os.; 23. September 2009 – 4 AZR 382/08.

41. Welche Bedeutung haben tarifliche Regelungslücken?

Die Entgeltordnungen enthalten spezielle und allgemeine Tätigkeitsmerkmale, die eine Auffangfunktion haben. Mit der Schaffung einer Entgeltordnung verfolgen die Tarifvertragsparteien das Ziel, alle Tätigkeiten des öffentlichen Dienstes zu erfassen und damit erschöpfend zu regeln. Die Tarifvertragsparteien können jedoch nicht für jede Tätigkeit ein passendes Tätigkeitsmerkmal oder eine entsprechende Entgeltgruppe tarifieren. Der Grund dafür sind die große Zahl und Vielfalt der Arbeitsplätze im öffentlichen Dienst. Auch die Entwicklung neuer Berufsbilder – etwa durch die Digitalisierung – führt dazu, dass es nicht möglich ist, alle Tätigkeiten in Tätigkeitsmerkmale einzuordnen.[26]

Wenn sich Berufsbilder oder Tätigkeiten nicht den Tätigkeitsmerkmalen der Entgeltordnung zuordnen lassen, liegt eine tarifliche Regelungslücke vor. Die Arbeitsgerichte unterscheiden dabei zwischen bewussten und unbewussten Tariflücken.[27] Eine unbewusste Regelungslücke ist durch ergänzende Auslegung von den Arbeitsgerichten zu schließen, sofern sich unter Berücksichtigung von Treu und Glauben ausreichende Anhaltspunkte für den Willen der Tarifvertragsparteien ergeben. Bei der Schließung einer unbewussten Tariflücke ist zu berücksichtigen, wie artverwandte und vergleichbare Tätigkeiten bewertet werden. Eine bewusste Tariflücke ist hingegen anzunehmen, wenn die Tarifvertragsparteien eine regelungsbedürftige Frage erkennbar ungeregelt lassen, was in einer entsprechenden Auslassung zum Ausdruck kommt. Die unterbliebene Regelung kann auch darauf beruhen, dass sich die Tarifvertragsparteien über die betreffende Frage nicht einigen konnten. Die Arbeitsgerichte sind jedoch nicht befugt, gegen den Willen der Tarifvertragsparteien ergänzende tarifliche Regelungen zu schaffen oder die schlechte Verhandlungsführung einer Tarifvertragspartei durch Vertragshilfe auszugleichen. Dies würde einen unzulässigen Eingriff in die verfassungsrechtlich geschützte Tarifautonomie darstellen.

---

26 Natter in: Groeger, Arbeitsrecht im öffentlichen Dienst, 3. Auflage 2020, Die Grundsätze der Eingruppierung, Rn. 23_94.

27 BAG, Beschluss vom 18. November 2015 – 4 ABR 24/14 –, juris.

C. Die auszuübende Tätigkeit als Grundlage für die Eingruppierung

»Die/Der Beschäftigte ist in der Entgeltgruppe eingruppiert, deren Tätigkeitsmerkmalen die gesamte von ihr/ihm nicht nur vorübergehend ***auszuübende Tätigkeit*** *entspricht.« (siehe u. a. § 12 Abs. 2 Satz 1 TVöD oder § 12 Abs. 1 Satz 3 TV-L)*

42. Was genau ist unter dem Prinzip der Tarifautomatik zu verstehen?

Der Begriff der »Tarifautomatik« wird zwar nicht im Tarifvertrag erwähnt oder definiert, jedoch von der Rechtsprechung verwendet, um die Systematik der Eingruppierung zu beschreiben. Die Tarifautomatik beschreibt die Vorgehensweise, mit der die **auszuübende Tätigkeit** einer Entgelt-/Fallgruppe aus den jeweiligen Entgeltordnungen des TVöD/TV-L »automatisch« zugeordnet wird. Das heißt, für die Eingruppierung bedarf es keiner Mitwirkung oder subjektiven Bewertung des Arbeitgebers. Die Zuordnung zu einer Entgeltgruppe erfolgt kraft der auszuübenden Tätigkeit und auf Grundlage der tariflichen Voraussetzungen bzw. Festlegungen der Tätigkeitsmerkmale.
Kurz gesagt: Die/der Beschäftigte wird nicht eingruppiert, sondern ist eingruppiert.

43. Was ist die »auszuübende Tätigkeit«?

Grundlage für die »automatische« Zuordnung einer Tätigkeit zu einem Tätigkeitsmerkmal innerhalb der Entgeltordnung sowie für die Feststellung

der Eingruppierung von Beschäftigten im Anwendungsbereich der Tarifverträge für den öffentlichen Dienst ist die »auszuübende Tätigkeit«. Zunächst ist es wichtig zu wissen, dass nicht die Beschäftigten und etwa deren Arbeitsleistung, sondern die jeweilige Arbeitsstelle Bezugspunkt für die auszuübende Tätigkeit und die Zuordnung zum Tätigkeitsmerkmal und Entgeltgruppe ist. Maßgeblich dafür sind die im Arbeitsvertrag vereinbarten Tätigkeiten und das Weisungsrecht des Arbeitgebers gemäß § 106 Gewerbeordnung.
Der Arbeitgeber ist verpflichtet, die auszuübende Tätigkeit auf Grundlage der im Arbeitsvertrag vereinbarten Tätigkeiten festzulegen. Die Feststellung der Eingruppierung erfolgt dann auf Basis dieser Tätigkeiten und der sich daraus ergebenden Tätigkeitsmerkmale, nicht jedoch auf Grundlage einer subjektiven Bewertung des Arbeitgebers. Nach der Rechtsprechung des Bundesarbeitsgerichts ist die Eingruppierung einer subjektiven Bewertung entzogen und muss allein anhand objektiver Merkmale nach den tariflichen Bestimmungen erfolgen.[28]

44. In welchem Umfang kann der Arbeitgeber Weisungen hinsichtlich des Umfangs und der Inhalte der auszuübenden Tätigkeiten erteilen?

Das auf dem Arbeitsvertrag (§§ 611, 611a BGB) beruhende Weisungsrecht des Arbeitgebers ist ein wesentlicher Bestandteil eines jeden Arbeitsverhältnisses. Gemäß § 106 Satz 1 GewO kann der Arbeitgeber Inhalt, Ort und Zeit der Arbeitsleistung nach billigem Ermessen näher bestimmen, sofern die Arbeitsbedingungen nicht durch Arbeitsvertrag, Tarifvertrag, Betriebs- bzw. Dienstvereinbarung oder Gesetz festgelegt sind. Das Weisungsrecht dient der Konkretisierung des vertraglich vereinbarten Tätigkeitsinhalts, beinhaltet jedoch nicht das Recht zur Änderung des Vertragsinhalts.[29]
Nach der Rechtsprechung des Bundesarbeitsgerichts erstreckt sich das Weisungsrecht des Arbeitgebers im Geltungsbereich der Tarifverträge des öffentlichen Dienstes unter anderem auf alle zumutbaren Tätigkeiten, de-

28 BAG, Urteil vom 27. August 2008 – 4 AZR 484/07.
29 BAG, Urteil vom 24. Oktober 2018 – 10 AZR 19/18.

ren Merkmale in der Entgeltgruppe aufgeführt sind, in die der Beschäftigte eingruppiert ist, sofern die übertragene Tätigkeit den tariflichen Anforderungen der vereinbarten Entgeltgruppe entspricht. Dem:der Beschäftigten kann demnach grundsätzlich jede Tätigkeit zugewiesen werden, die den Merkmalen seiner:ihrer Entgeltgruppe entspricht, sofern nicht ausnahmsweise Billigkeitsgesichtspunkte entgegenstehen. Diese Überlegung geht vom Regelfall aus, dass der:die Beschäftigte nach den im öffentlichen Dienst üblichen Musterverträgen für einen allgemein umschriebenen Aufgabenbereich (oder für eine allgemein umschriebene Tätigkeit) eingestellt wurde, in welchem lediglich die Entgeltgruppe festgelegt ist.[30]
Die:der Beschäftigte hat Anspruch auf eine vertragsgemäße Beschäftigung. Auch wenn die bisherige Vergütung fortgezahlt wird, ist eine Zuweisung geringerwertiger Tätigkeiten unzulässig.[31]

Praxistipp:
Entsprechen die Anweisungen des Arbeitgebers nicht den Tätigkeitsmerkmalen der im Arbeitsvertrag vermerkten Entgeltgruppe oder überschreiten sie die Grenzen des zulässigen Umfangs des Weisungsrechts, ist das ein Verstoß gegen die tarifvertraglichen Eingruppierungsvorschriften. In diesem Fall können die Beschäftigten eine tarifkonforme Eingruppierung gemäß den Regelungen der §§ 12, 13 TVöD/TV-L gegenüber dem Arbeitgeber geltend machen.

45. Welche Auswirkungen kann eine Änderung der Arbeitsinhalte und Tätigkeiten auf die Eingruppierung der Beschäftigten haben?

Das Weisungs- und Direktionsrecht berechtigt den Arbeitgeber nicht, dem:die Arbeitnehmer:in Tätigkeiten einer niedrigeren Vergütungsgruppe zu übertragen, und zwar auch dann nicht, wenn er die der bisherigen Tätigkeit entsprechende höhere Vergütung weiterzahlt.
Ändern sich die Arbeitsinhalte so, dass sie nicht mehr von den Tätigkeitsmerkmalen der bisherigen Entgeltgruppe erfasst werden, muss die Tä-

30 BAG, Urteil vom 24. November 1993 – 5 AZR 206/93.
31 BAG, Urteil vom 16. Oktober 2013 – 10 AZR 9/13; BAG, Urteil vom 24. Oktober 2018 – 10 AZR 19/18.

tigkeit neu bewertet und die Beschäftigte bzw. der Beschäftigte neu eingruppiert werden. Dies kann sich auch auf die arbeitsvertraglichen Inhalte der Beschäftigten auswirken. Eine dauerhafte Zuweisung einer höher oder niedriger bewerteten Tätigkeit ohne Anpassung des Arbeitsvertrags und der Entgeltgruppe ist nicht zulässig. Wie oben bereits aufgeführt, ist der Arbeitgeber an die Tätigkeitsmerkmale und die sich daraus ergebenden Arbeitsinhalte der jeweiligen Entgeltgruppe gebunden.
Kommt es im Fall der Übertragung einer niedriger bewerteten Tätigkeit zu keiner Einigung zwischen den Beschäftigten und dem Arbeitgeber über die Änderungen der Arbeitsinhalte und eine Vergütung nach den Grundsätzen der Tarifautomatik über eine niedrigere Entgeltgruppe, muss der Arbeitgeber eine Änderungskündigung aussprechen, um seine Zielsetzung, die dauerhafte Übertragung der niedriger bewerteten Tätigkeit, zu erreichen.

46. Was ist in § 13 TVöD/TV-L geregelt?

§ 12 TVöD/TV-L geht davon aus, dass der Arbeitgeber dem Beschäftigten im Rahmen des Weisungsrechts bewusst Tätigkeiten mit einer bestimmten tariflichen Wertigkeit überträgt. Dies ist beispielsweise beim Abschluss des Arbeitsvertrags oder bei einer späteren bewussten Übertragung anderer Arbeitsinhalte der Fall, die eine höherwertige Tätigkeit darstellen. § 13 behandelt hingegen den Sachverhalt, bei dem sich die Tätigkeit schrittweise durch schleichende Änderungen »aus sich heraus« verändert, sodass sie einer höherwertigen Tätigkeit entspricht.[32]
Im Gegensatz zu § 12 TVöD/TV-L regelt § 13 TVöD/TV-L also die Eingruppierung in den Fällen, in denen sich die Tätigkeit des Beschäftigten ohne Zutun des Arbeitgebers so geändert hat, dass sie den Tätigkeitsmerkmalen einer höheren Entgeltgruppe entspricht.[33]
Gemäß § 13 Satz 1 TVöD/TV-L erfolgt eine Zuordnung zu den Tätigkeitsmerkmalen der höheren Entgeltgruppe.

32 Görg, Guth, TVöD-Basiskommentar, § 13 Rn. 1.
33 Ruge/Krömer/Pawlak/Rabe v. Pappenheim, Lexikon Arbeitsrecht im öffentlichen Dienst, 6. Höhergruppierung.

Die Inhalte des § 13 TVöD/TV-L im Überblick:

- § 13 TVöD/TV-L regelt die Eingruppierung von Beschäftigten, wenn sich deren Tätigkeit ohne ausdrückliche Übertragung durch den Arbeitgeber so verändert, dass sie den Merkmalen einer höheren Entgeltgruppe entspricht. Im Unterschied dazu setzt § 12 TVöD/TV-L voraus, dass der Arbeitgeber die höherwertige Tätigkeit bewusst und gezielt überträgt.
- Die Änderung der Arbeitsinhalte und Tätigkeiten kann auf unterschiedliche Weise erfolgen. Beispielsweise durch Umstrukturierungen, die Übernahme neuer Aufgaben durch Änderungen in der Organisation der Dienststelle/des Betriebs oder durch geänderte, gestiegene Anforderungen. Diese können beispielsweise durch Änderungen von Gesetzen, Rechtsvorschriften oder den digitalen Anforderungen entstehen.
- In solchen Fällen muss im Sinne der Tarifautomatik eine Neueingruppierung in die höhere Entgeltgruppe vorgenommen werden, sofern die neuen Aufgaben den Anforderungen der höheren Entgeltgruppe entsprechen.
- Gemäß § 13 Abs. 1 S. 1 TVöD (Bund)/(VKA) bzw. § 13 S. 1 TV-L erfolgt die Höhergruppierung (siehe hierzu § 17 Abs. 4 TVöD/TV-L) aber erst nach Ablauf einer sechsmonatigen ununterbrochenen höherwertigen Tätigkeit, also mit Beginn des siebten Monats.
- Wurde die Zeit der Ausübung der höherwertigen Tätigkeit durch Urlaub, Arbeitsbefreiung, Arbeitsunfähigkeit, Kur- oder Heilverfahren oder die Vorbereitung auf eine Fachprüfung für die Dauer von insgesamt nicht mehr als sechs Wochen unterbrochen, wird die Unterbrechungszeit in die Frist von sechs Monaten eingerechnet. Bei einer längeren Unterbrechung oder Unterbrechung aus anderen Gründen beginnt die Frist nach der Beendigung der Unterbrechung von neuem (§ 13 Abs. 2 TVöD (Bund)/(VKA) bzw. § 13 S. 1 TV-L).
- Für die Zeit der Ausübung der höherwertigen Tätigkeit vor Ablauf von sechs Kalendermonaten erhält der:die Beschäftigte – unabhängig davon, ob sie:er die höherwertig gewordene Tätigkeit behält und höhergruppiert wird – eine persönliche Zulage nach Maßgabe des § 14 TVöD/TV-L.

47. Wie sollten sich Beschäftigte verhalten, wenn der Arbeitgeber sie trotz Erfüllung der Voraussetzungen des § 13 TVöD/TV-L nicht höhergruppiert?

Beschäftigte sollten eine Höhergruppierung gegenüber dem Arbeitgeber schriftlich im Rahmen der Ausschlussfristen des § 37 TVöD/TV-L geltend machen. Siehe dazu auch die weiteren Ausführungen unter »H. Durchsetzung einer tarifkonformen Eingruppierung durch die Beschäftigten«.

48. Welche Auswirkungen hat eine vorübergehende Übertragung einer höherwertigen Tätigkeit gemäß § 14 TVöD/TV-L?

Der Arbeitgeber kann im Rahmen seines Weisungsrechts nach § 106 GewO eine höherwertige Tätigkeit dauerhaft oder vorübergehend übertragen. Überträgt der Arbeitgeber Beschäftigten vorübergehend eine andere Tätigkeit, die den Tätigkeitsmerkmalen einer höheren Eingruppierung entspricht und die sie mindestens einen Monat lang ausüben, erhalten sie für die Dauer der Ausübung eine persönliche Zulage. Diese wird rückwirkend ab dem ersten Tag der Übertragung der Tätigkeit gewährt (§ 14 Abs. 1 TVöD/TV-L).

49. Was bedeutet »vorübergehend« im Sinne von § 14 TVöD/TV-L?

Nach dem allgemeinen Sprachgebrauch und der Rechtsprechung des Bundesarbeitsgerichts bedeutet »vorübergehend« nur zeitweilig bzw. für eine gewisse Zeit.[34] Allerdings kann dieselbe oder eine gleichermaßen höher zu bewertende Tätigkeit mehrmals nacheinander vorübergehend übertragen werden.

34 BAG, Urteil vom 20. April 2005 – 10 AZR 512/04.

Die vorübergehende Übertragung einer höherwertigen Tätigkeit muss entsprechender Anwendung von § 106 GewO in Verbindung mit § 315 BGB immer nach billigem Ermessen erfolgen.

»§ 315 Bestimmung der Leistung durch eine Partei
(1) Soll die Leistung durch einen der Vertragschließenden bestimmt werden, so ist im Zweifel anzunehmen, dass die Bestimmung nach billigem Ermessen zu treffen ist.
(2) Die Bestimmung erfolgt durch Erklärung gegenüber dem anderen Teil.
(3) Soll die Bestimmung nach billigem Ermessen erfolgen, so ist die getroffene Bestimmung für den anderen Teil nur verbindlich, wenn sie der Billigkeit entspricht. Entspricht sie nicht der Billigkeit, so wird die Bestimmung durch Urteil getroffen; das Gleiche gilt, wenn die Bestimmung verzögert wird.«

»Billiges Ermessen« bedeutet, dass der Arbeitgeber bei der Ausübung seines Weisungsrechts die Interessen beider Vertragsparteien gerecht und ausgewogen gegeneinander abwägen muss. Der Begriff ist seit über 100 Jahren im BGB verankert und für unser heutiges Verständnis vielleicht etwas irreführend. Er bedeutet nicht »günstig«, sondern nach heutigem Sprachgebrauch eher »gerecht« und »angemessen«.

Im Zusammenhang mit der Anwendung von § 14 TVöD/TV-L muss das »billige Ermessen«, also die faire und gerechte Abwägung bei der Ausübung des Weisungsrechts des Arbeitgebers, sowohl auf die Tätigkeitsübertragung »an sich« als auch auf die »nicht dauerhafte Übertragung« bezogen werden. Das Bundesarbeitsgericht bezeichnet dies als »doppelte Billigkeit«.[35]

Die doppelte Billigkeitsprüfung verlangt, dass der Arbeitgeber sowohl die Übertragung einer höherwertigen Tätigkeit als auch deren zeitlich begrenzte Ausübung gerecht und ausgewogen abwägt. Dabei sind die Interessen von Arbeitgeber und Beschäftigten sorgfältig miteinander zu vergleichen. Ein Interesse des Beschäftigten kann beispielsweise darin bestehen, dass die Tätigkeit dauerhaft übertragen und entsprechend höher vergütet wird.

§ 14 TVöD/TV-L stellt eine Ausnahme vom Grundsatz der Tarifautomatik dar, da keine Zuordnung zu den Tätigkeitsmerkmalen und einer

35 BAG, Urteil vom 17. April 2002, Az.: 4 AZR 174/01.

höheren Entgeltgruppe erfolgt, sondern für die Dauer der Übertragung eine Zulage gezahlt wird. Deshalb bedarf es bei der nur vorübergehenden Übertragung einer Tätigkeit eines hinreichenden Grundes, damit sie dem billigen Ermessen entspricht. Die bloße Unsicherheit des Arbeitgebers über die Dauer der höherwertigen Beschäftigungsmöglichkeit reicht nach der Rechtsprechung[36] hierfür nicht aus. Die tariflichen Regelungen können nicht dazu herangezogen werden, das Risiko der Ungewissheit über den weiteren Beschäftigungsbedarf auf die Arbeitnehmerin/den Arbeitnehmer zu übertragen.

Zusammenfassend: Eine vorübergehende Übertragung einer höherwertigen Tätigkeit gemäß § 14 TVöD/TV-L ist nur dann rechtmäßig, wenn der Arbeitgeber die Interessen von Arbeitgeber und Beschäftigten fair und gerecht abwägt (»doppeltes billiges Ermessen«). Das bedeutet, dass ein triftiger Grund vorliegen muss, warum die Aufgabe nur befristet übertragen wird. Während der vorübergehenden Übertragung erhalten Beschäftigte eine Zulage, jedoch keine dauerhafte Höhergruppierung.

50. Darf der Arbeitgeber niedriger bewertete Tätigkeiten übertragen?

Grundsätzlich gilt: Das Weisungsrecht des Arbeitgebers berechtigt diesen nicht, dem Arbeitnehmer bzw. der Arbeitnehmerin Tätigkeiten einer niedrigeren Vergütungsgruppe zu übertragen. Die Art der Beschäftigung kann durch das allgemeine Weisungsrecht nicht unbegrenzt geändert werden. Mit der Übertragung einer niedriger bewerteten Tätigkeit wäre regelmäßig eine Änderung des vertraglich zugesagten Entgelts verbunden. Der Arbeitgeber darf nur Tätigkeiten übertragen, die als gleichwertig zur Entgeltgruppe anzusehen sind. Die Gleichwertigkeit bestimmt sich mangels anderer Anhaltspunkte grundsätzlich aus der auf den Betrieb abgestellten Verkehrsauffassung und dem sich daraus ergebenden Sozialbild. Eine deutliche Verkleinerung des bisherigen Aufgaben- und Verantwortungsbereichs oder eine hierarchische Herabstufung stellen in der Regel eine unzulässige Zuweisung geringwertiger Tätigkeiten dar. Auch der Entzug einer

36 U.a. in BAG, Urteil vom 27. Januar 2016 – 4 AZR 468/14.

Vorgesetztenfunktion kann, sofern diese zu den Tätigkeitsmerkmalen der Vergütungsgruppe gehört, zu einer geringwertigeren Tätigkeit führen. Das Arbeitsverhältnis genießt Bestandsschutz auch gegen eine inhaltliche Änderung der Tätigkeit. Der Arbeitgeber kann dem:der Arbeitnehmer:in deshalb auch dann keine niedriger zu bewertende Tätigkeit zuweisen, wenn das höhere Entgelt, die der bisherigen Tätigkeit entspricht, dennoch fortgezahlt wird.[37]

51. Unter welchen Voraussetzungen kann die ursprünglich vereinbarte Tätigkeit in eine niedriger bewertete Tätigkeit geändert werden?

Wie unter Frage 44 bereits erläutert, ist eine dauerhafte Zuweisung einer niedriger bewerteten Tätigkeit im Rahmen des Weisungsrechts nicht möglich. Der Arbeitgeber ist an die Tätigkeitsmerkmale und die sich daraus ergebenden Arbeitsinhalte der jeweiligen Entgeltgruppe gebunden. Er muss dem/der Beschäftigten eine Änderung des Arbeitsvertrags anbieten, um die Arbeitsinhalte und Arbeitsbedingungen einvernehmlich anzupassen. Lehnt die beschäftigte Person die Änderung ab und kommt es bei der Übertragung einer niedriger bewerteten Tätigkeit zu keiner Einigung über die Änderung der Arbeitsinhalte, muss der Arbeitgeber eine Änderungskündigung aussprechen, um das Ziel einer Übertragung einer niedriger bewerteten Tätigkeit zu erreichen.

52. Was ist eine »Änderungskündigung«?

Möchte der Arbeitgeber eine Änderung der vereinbarten Arbeitsbedingungen durchsetzen, die der:die Arbeitnehmer:in ablehnt, kann er dies nur mittels einer Änderungskündigung erreichen. Eine Änderungskündigung besteht aus zwei Komponenten: der Kündigung des ursprünglichen Vertrags und einem Angebot zur Änderung der Vertragsbedingungen.[38] Ihre

37 BAG, Urteil vom 29. Oktober 1997 – 5 AZR 455/96; Urteil vom 24. April 1996 – 4 AZR 976/94; Urteil vom 30. August 1995 – 1 AZR 47/95, LAG Rheinland-Pfalz, Urteil vom 17. November 2021 – 7 Sa 169/21.

38 Schaub/Koch, ArbR A–Z, Änderungskündigung, Rn. 2, beck-online.

grundsätzliche Zulässigkeit ist in § 2 KSchG geregelt. Da eine Änderungskündigung eine Beendigungskündigung enthält, unterliegt sie ebenso wie andere Kündigungen der Schriftform (§ 623 BGB). Das Schriftformerfordernis erstreckt sich auch auf das Änderungsangebot[39], also die Übertragung von Arbeitsinhalten, die zu einer niedriger bewerteten Tätigkeit führen.

Für die Wirksamkeit einer Änderungskündigung muss gemäß §§ 99, 102 Abs. 1 BetrVG bzw. gemäß §§ 78 Abs. 1 Nr. 4, 85 BPersVG analog den jeweiligen landespersonalvertretungsrechtlichen Regelungen der Betriebsrat bzw. der Personalrat angehört und beteiligt werden. Dies gilt für die Versetzung, die damit verbundene Herabgruppierung und die Kündigung der bisherigen arbeitsvertraglichen Inhalte.

53. Welche Möglichkeiten haben Beschäftigte, sich gegen eine Änderungskündigung zu wehren?

Es gibt drei Varianten, auf eine Änderungskündigung zu reagieren:

Beschäftigte können das Änderungsangebot annehmen. In diesem Fall gelten die neuen Vertragsbedingungen.

Lehnen Sie das Angebot ab und klagen innerhalb von drei Wochen nach Zugang der Kündigung, so prüft das Gericht die Wirksamkeit der Kündigung auf Grundlage der Regelungen des Kündigungsschutzgesetzes. Das heißt, die Kündigung wäre nur dann sozial gerechtfertigt, wenn ein personenbedingter, verhaltensbedingter oder betriebsbedingter Kündigungsgrund vorliegt.

Beschäftigte können das Angebot auch unter dem Vorbehalt annehmen, dass die Änderung der Arbeitsbedingungen nicht sozial ungerechtfertigt ist, und eine Änderungskündigungsschutzklage erheben. In diesem Fall beantragt der:die Beschäftigte beim Arbeitsgericht, festzustellen, dass die Änderungen der Arbeitsbedingungen gemäß der Änderungskündigung des Arbeitgebers vom … sozial ungerechtfertigt oder aus anderen Gründen rechtsunwirksam sind. Möchte der:die Beschäftigte die Unwirksamkeit der Änderungskündigung geltend machen, muss – wie auch bei der Beendigungskündigung – binnen drei Wochen ab Zugang der Kündigung

39 BAG, Urteil vom 16. September 2004, Az. 2 AZR 628/03.

eine Klage gegen die Änderungskündigung erhoben werden (§ 2 Satz 2 KSchG). Eine Änderungskündigung ist sozial gerechtfertigt, wenn sie im Sinne von § 2 KSchG erfolgt und das Änderungsangebot des Arbeitgebers durch Gründe gemäß § 1 Abs. 2 KSchG bedingt ist und sich darauf beschränkt, solche Änderungen vorzusehen, die der:die Arbeitnehmer:in billigerweise hinnehmen muss.[40]

54. Was passiert, wenn sich der Arbeitgeber bei der Bewertung und Zuordnung der Tätigkeitsmerkmale zu einer Entgeltgruppe geirrt hat?

Wenn Beschäftigte aufgrund ihrer Tätigkeit korrekt eingruppiert sind, kann eine Herabgruppierung nur im Rahmen einer einvernehmlichen Änderung des Arbeitsvertrags oder einer Änderungskündigung erfolgen (siehe dazu Frage 45 bis 47.)

Wenn der Arbeitgeber bei einer Eingruppierung einen Rechtsirrtum begeht und die Tätigkeit zu hoch bewertet, obwohl die vom Tarifvertrag vorausgesetzten Tätigkeitsmerkmale nicht vorliegen, kann er die Entgeltgruppe ändern, ohne eine Vertragsänderung oder Änderungskündigung auszusprechen. Nach ständiger Rechtsprechung des Bundesarbeitsgerichts ist der Arbeitgeber zu einer erneuten tarifvertraglichen Bewertung der auszuübenden Tätigkeit berechtigt, auch zu Lasten der Beschäftigten. Dies wird »korrigierende Rückgruppierung« genannt.

Die Rückgruppierung erfolgt ab dem Zeitpunkt der irrtümlich erfolgten Eingruppierung. Das zu viel gezahlte Entgelt kann vom Arbeitgeber aber nur innerhalb der tarifvertraglichen Ausschlussfristen gemäß § 37 TVöD/TV-L zurückgefordert werden.

Hinsichtlich der Eingruppierung ist anerkannt, dass der Arbeitgeber im öffentlichen Dienst grundsätzlich berechtigt ist, eine fehlerhafte Eingruppierung zu korrigieren, die nicht der Tätigkeit des Arbeitnehmers entspricht. Im Falle einer Eingruppierungsklage muss der Arbeitgeber allerdings die objektive Fehlerhaftigkeit der Entgeltgruppe darlegen und gegebenenfalls

40 ArbG Bonn, Urteil vom 23. August 2023 – 4 Ca 691/23.

beweisen. Nach der Rechtsprechung[41] liegt diese Fehlerhaftigkeit bereits vor, wenn eine der tariflichen Voraussetzungen für die Eingruppierung in die dem:der Beschäftigte:n zunächst mitgeteilten Entgeltgruppe fehlt.
Da es sich um eine Herabgruppierung handelt, die beteiligungspflichtig ist, sind darüber hinaus der Betriebsrat gemäß § 99 BetrVG bzw. der Personalrat gemäß § 78 Abs. 1 Nr. 4 BPersVG analog den jeweiligen landespersonalvertretungsrechtlichen Regelungen zu beteiligen.

Praxistipp:
Wenn der Arbeitgeber eine »korrigierende Rückgruppierung« durchführt und sogar eine Rückforderung des überzahlten Entgelts geltend macht, sollten sich die Beschäftigten rechtlichen Beistand holen, beispielsweise vom gewerkschaftlichen Rechtsschutz.

41 BAG, Urteil vom 16. August 2023 – 4 AZR 339/22 – Rn. 26; BAG, Urteil vom 16. Februar 2000 – 4 AZR 62/99; BAG, Urteil vom 27. April 2022 – 4 AZR 463/21; Thüringer Landesarbeitsgericht, Urteil vom 22. Januar 2025 – 1 Sa 130/24.

D. Verfahren zur Tätigkeitsbewertung – der Arbeitsvorgang

Wie unter B. »Rechtsgrundlagen zur Systematik der Eingruppierung in den Tarifverträgen des öffentlichen Dienstes« (siehe Fragen 23 ff.), ausgeführt, erhält der:die Beschäftigte das Entgelt der Eingruppierung, in die er/sie eingruppiert ist. Das heißt, Beschäftigte werden nicht per Rechtsakt eingruppiert, sondern sind automatisch in der Entgeltgruppe eingruppiert, deren Tätigkeitsmerkmale ihrer gesamten »auszuübenden Tätigkeit«, die sie nicht nur vorübergehend ausüben, entsprechen. Die Eingruppierung erfolgt ausschließlich auf Basis der tarifvertraglichen Wertigkeit, die in den Entgeltgruppen und deren Tätigkeitsmerkmalen festgelegt ist.[42]
Bewertungsgegenstand ist also die gesamte auszuübende Tätigkeit. Das zentrale Element des tarifvertraglich festgelegten Verfahrens zur Tätigkeitsbewertung ist der »Arbeitsvorgang«.[43] Die Tätigkeiten der Beschäftigten setzen sich aus Arbeitsvorgängen zusammen. Der Arbeitsvorgang ist Bezugspunkt der Eingruppierung und maßgebliche Einheit für die Zuordnung zu einem Tätigkeitsmerkmal.[44]
Fehler bei der Bildung des Arbeitsvorgangs wirken sich auf das Bewertungsverfahren, die korrekte Zuordnung zu den Tätigkeitsmerkmalen sowie die Wertigkeit der Eingruppierung aus.

42 Krasemann, Klaus »Das Eingruppierungsrecht des BAT/BAT-O«, S. 85.
43 Krasemann, Klaus »Das Eingruppierungsrecht des BAT/BAT-O«, S. 428.
44 Litty, Der Arbeitsvorgang in der prozessualen Praxis – ein Kurzüberblick, ZTR 2021, S. 14–17.

55. Was regeln §§ 12 TVöD/TV-L zum Arbeitsvorgang?

Die gesamte auszuübende Tätigkeit entspricht den Tätigkeitsmerkmalen einer Entgeltgruppe, wenn zeitlich mindestens zur Hälfte Arbeitsvorgänge anfallen, die für sich genommen die Anforderungen eines Tätigkeitsmerkmals oder mehrerer Tätigkeitsmerkmale dieser Entgeltgruppe erfüllen. Kann die Erfüllung einer Anforderung in der Regel erst bei der Betrachtung mehrerer Arbeitsvorgänge festgestellt werden (z. B. vielseitige Fachkenntnisse), sind diese Arbeitsvorgänge für die Feststellung, ob diese Anforderung erfüllt ist, insoweit zusammen zu beurteilen. Werden in einem Tätigkeitsmerkmal mehrere Anforderungen gestellt, gilt das oben bestimmte Maß, ebenfalls bezogen auf die gesamte auszuübende Tätigkeit, für jede Anforderung. Ist in einem Tätigkeitsmerkmal ein von den Sätzen 2 bis 4 abweichendes zeitliches Maß bestimmt, gilt dieses.
Zusammenfassend: Die Eingruppierung erfolgt nach der gesamten auszuübenden Tätigkeit, sofern zeitlich mindestens zur Hälfte Arbeitsvorgänge anfallen, die die Anforderungen eines oder mehrerer Tätigkeitsmerkmale einer Entgeltgruppe erfüllen.
Bei Anforderungen, die mehrere Arbeitsvorgänge betreffen, werden diese für die Bewertung der Tätigkeit gemeinsam betrachtet.
Für jede einzelne Anforderung gilt das zeitliche Maß bezogen auf die gesamte Tätigkeit, es sei denn, in einem Tätigkeitsmerkmal ist ein anderes zeitliches Maß (z. B. »zu einem Viertel gründliche Fachkenntnisse«) festgelegt.

56. Was ist die Grundlage für die Bestimmung des Arbeitsvorgangs?

Aufgrund seiner Organisationsentscheidung und seines Weisungsrechts nach § 106 GewO weist der Arbeitgeber dem:der Beschäftigte:n eine oder mehrere mit der Stelle verbundene Tätigkeiten zu. Aufgrund dieser Tätigkeiten sowie der damit verbundenen tätigkeits- und personenbezogenen Anforderungen, z. B. an die Qualifikation der Beschäftigten, bestimmt der Arbeitgeber über die Bildung des Arbeitsvorgangs, die Zuordnung zum

Tätigkeitsmerkmal und die tarifliche Wertigkeit der auszuübenden Tätigkeit mit.[45]

57. Wie ist der »Arbeitsvorgang« in den Tarifverträgen definiert?

In der Protokollerklärung zu § 12 Abs. 2 TVöD (Bund) (VKA) bzw. der Protokollerklärung zu § 12 Abs. 1 TV-L haben die Tarifvertragsparteien definiert, wie sie den Begriff »Arbeitsvorgang« auslegen. Demnach sind Arbeitsleistungen (einschließlich Zusammenhangsarbeiten), die bezogen auf den Aufgabenkreis der Beschäftigten zu einem bei natürlicher Betrachtung abgrenzbaren Arbeitsergebnis führen, Arbeitsvorgänge.
Beispiele hierfür sind die unterschriftsreife Bearbeitung eines Aktenvorgangs, eines Widerspruchs oder eines Antrags, die Erstellung eines EKGs, die Fertigung einer Bauzeichnung, die Konstruktion einer Brücke oder eines Brückenteils, die Bearbeitung eines Antrags auf eine Sozialleistung, die Betreuung einer Person oder Personengruppe sowie die Durchführung einer Unterhaltungs- oder Instandsetzungsarbeit. Jeder einzelne Arbeitsvorgang ist als solcher zu bewerten. Arbeitsvorgänge sind Arbeitsleistungen (einschließlich Zusammenhangsarbeiten), die, bezogen auf den Aufgabenkreis der/des Beschäftigten, zu einem bei natürlicher Betrachtung abgrenzbaren Arbeitsergebnis führen. Beispiele hierfür sind: unterschriftsreife Bearbeitung eines Aktenvorgangs, eines Widerspruchs oder eines Antrags, Erstellung eines EKGs, Fertigung einer Bauzeichnung, Konstruktion einer Brücke oder eines Brückenteils, Bearbeitung eines Antrags auf eine Sozialleistung, Betreuung einer Person oder Personengruppe sowie Durchführung einer Unterhaltungs- oder Instandsetzungsarbeit.

45 Richter, Gamisch, »Grundlagen der Eingruppierung TVöD und TV-L«, S. 29 ff.

58. Was sind nach der Rechtsprechung die Voraussetzungen für die Bildung des »Arbeitsvorgangs«?

Im Laufe der letzten Jahrzehnte gab es eine Vielzahl von Entscheidungen der Arbeitsgerichte zur Auslegung und Bildung von Arbeitsvorgängen im Rahmen von Eingruppierungsfeststellungsklagen oder Zustimmungsersetzungsverfahren zur Eingruppierung von Beschäftigten. Das Bundesarbeitsgericht orientiert sich dabei unter anderem an der Definition des Arbeitsvorgangs aus den Protokollerklärungen zu § 12 TVöD bzw. TV-L und konkretisiert bzw. beschreibt die Voraussetzungen für die Bildung von Arbeitsvorgängen. Es hat eine Grundlage entwickelt, die von den Instanzgerichten übernommen wird.

Nach der Rechtsprechung[46] ist für die Bestimmung des Arbeitsvorgangs das Arbeitsergebnis maßgeblich. Ob eine oder mehrere Einzeltätigkeiten zu einem Arbeitsergebnis führen, wird anhand einer natürlichen Betrachtungsweise und der vom Arbeitgeber vorgenommenen Arbeitsorganisation beurteilt. Dabei kann die gesamte vertraglich geschuldete Tätigkeit einen einzigen Arbeitsvorgang bilden. Einzeltätigkeiten können jedoch nicht zusammengefasst werden, wenn die verschiedenen Arbeitsschritte von vornherein auseinandergehalten und organisatorisch voneinander getrennt sind. Die theoretische Möglichkeit, einzelne Arbeitsschritte oder Einzelaufgaben verwaltungstechnisch isoliert auf andere Beschäftigte zu übertragen, reicht hierfür jedoch nicht aus. Ausschlaggebend ist die praktische Organisation. Bei der Zuordnung zu einem Arbeitsvorgang können wiederkehrende und gleichartige Tätigkeiten zudem zusammengefasst werden.

Bei der Bestimmung der Arbeitsvorgänge bleibt die tarifliche Wertigkeit der verschiedenen Einzeltätigkeiten oder Arbeitsschritte außer Betracht. Erst nachdem ein Arbeitsvorgang bestimmt wurde, kann dieser anhand des in Anspruch genommenen Tätigkeitsmerkmals bewertet werden.[47]

---

46 U.a. mit weiteren Verweisen BAG, Urteil vom 16. Oktober 2024 – 4 AZR 253/23, BAG, Urteil vom 17. Juli 2024 – 4 AZR 265/23, LAG Niedersachsen, Urteil vom 13. Januar 2023 – 6 Sa 139/22; BAG, Urteil vom 12. 12. 2012 – 4 AZR 199/11.

47 BAG, Urteil vom 18. März 2015 – 4 AZR 59/13; BAG, Urteil vom 28. Februar 2018 – 4 AZR 816/16.

59. Was wird unter »Zusammenhangstätigkeiten« verstanden?

Nach Satz 1 der Protokollerklärung zu § 12 Abs. 2 TVöD/§ 12 Abs. 1 TV-L sind dem Arbeitsvorgang auch »Zusammenhangstätigkeiten« hinzuzurechnen. Hierunter sind Tätigkeiten zu verstehen, die aufgrund ihres engen Zusammenhangs mit bestimmten Aufgaben, insbesondere höherwertigen Aufgaben eine:s Beschäftigte:n, bei der tariflichen Bewertung zwecks Vermeidung tarifwidriger »Atomisierung« der Arbeitseinheiten nicht abgetrennt werden dürfen, sondern diesen zuzurechnen sind.[48]

60. Was beschreibt das Aufspaltungs- oder Atomisierungsverbot?

Das Aufspaltungs- oder Atomisierungsverbot untersagt, den Arbeitsvorgang als zentrale Bewertungseinheit nach Teiltätigkeiten mit unterschiedlicher tariflicher Wertigkeit aufzuteilen. Gemäß der Protokollerklärung zu § 12 Abs. 2 TVöD (Bund) bzw. der Protokollerklärung zu § 12 Abs. 1 TV-L ist jeder einzelne Arbeitsvorgang vom Arbeitgeber als solcher zu bewerten. Dabei darf er hinsichtlich der Anforderungen zeitlich nicht aufgespalten werden. Mit den zeitlichen Anforderungen ist der Zeitraum gemeint, in dem das Tätigkeitsmerkmal erfüllt sein muss. Nach Satz 1 der Nr. 1 der Protokollerklärungen zu § 12 Abs. 1 TV-L sind dem Arbeitsvorgang auch Zusammenhangsarbeiten hinzuzurechnen. Das sind solche, die aufgrund ihres engen Zusammenhangs mit bestimmten Aufgaben einer Beschäftigten bei der tariflichen Bewertung zwecks Vermeidung tarifwidriger »Atomisierung« der Arbeitseinheiten nicht abgetrennt werden dürfen, sondern diesen zuzurechnen sind.[49]

---

48 BAG, Urteil vom 16. Oktober 2024 – 4 AZR 253/23; Krasemann, Klaus »Das Eingruppierungsrecht des BAT/BAT-O«, S. 435.

49 BAG, Urteil vom 9. September 2020 – 4 AZR 195/20 mit weiteren Verweisen.

61. Was ist ein Arbeitsschritt?

Als Arbeitsschritt wird die kleinste nicht mehr sinnvoll aufspaltbare Arbeitsleistung bezeichnet.[50]

62. Was ist eine Arbeitseinheit?

Eine Arbeitseinheit umfasst eine Arbeitsleistung, die aus mehreren Arbeitsschritten besteht und zu einem Teilergebnis führt. Dieses Teilergebnis ist das Resultat mehrerer Arbeitsschritte.

63. Was ist ein einheitlicher Arbeitsvorgang?

Für die Bestimmung des Arbeitsvorgangs ist das Arbeitsergebnis maßgebend. Nach der Rechtsprechung des Bundesarbeitsgerichts kann die gesamte vertraglich geschuldete Tätigkeit einen einzigen Arbeitsvorgang ausmachen. Nur wenn es tatsächlich möglich ist, Tätigkeiten unterschiedlicher Wertigkeit abzutrennen, werden diese nicht zu einem Arbeitsvorgang zusammengefasst.

Ein einheitlicher Arbeitsvorgang liegt beispielsweise bei der Betreuung von Gruppen durch Erzieher:innen, bei der Bearbeitung von Fällen durch Sozialarbeiter:innen oder bei der Betreuung von Personen oder Personengruppen durch Heilpädagog:innen oder Pfleger:innen vor.[51]

Auch Leitungsaufgaben können einen einheitlichen Arbeitsvorgang bilden. Ein Beispiel hierfür ist Entscheidung des Bundesarbeitsgerichts zur Sachgebietsleitung »Bauleitung Brücke«.[52]

---

50 Krasemann, Klaus »Das Eingruppierungsrecht des BAT/BAT-O«, S. 434.
51 BAG, Urteil vom 27. September 2017 – 4 AZR 666/14 mit weiteren Verweisen.
52 BAG, Urteil vom 21. Juni 2000 – 4 AZR 389/99.

64. Was sind »tätigkeitsbezogene Funktionsmerkmale«?

Bei sogenannten Funktionsmerkmalen geht das Bundesarbeitsgericht regelmäßig davon aus, dass alle Tätigkeiten des:der Beschäftigte:n in dieser Funktion als einheitlicher Arbeitsvorgang zu bewerten sind. Maßstab für diese Wertung ist aber stets die Tätigkeit »in dieser Funktion«.

Beispiele:
- Eine Stationsleitung, die ihre Leitungstätigkeit nicht nur schichtbezogen, sondern während ihrer gesamten Arbeitszeit ausübt, fällt unter Teil B Abschnitt XI Ziffer 2 der Anlage 1 zum TVöD (VKA). Leitungsaufgaben können jederzeit anfallen und stellen einen einheitlichen Arbeitsvorgang dar.[53]
- Beschäftigte als Leiter:innen von Kindertagesstätten mit einer Durchschnittsbelegung von mindestens 40 Plätzen, S-EG 13, Fallgruppe 1, Teil B Abschnitt XXIV der Anlage 1 zum TVöD (VKA)
- Schulhausmeister:innen[54] -Teil B Abschnitt XXIII der Anlage 1 zum TVöD (VKA)

65. Wie erfolgt dann die Bewertung des Arbeitsvorgangs?

Die tarifliche Bewertung des Arbeitsvorgangs muss stets einheitlich erfolgen. Entweder sind die Tätigkeitsmerkmale erfüllt oder nicht. Die zu bewertenden Einzeltätigkeiten haben innerhalb des Arbeitsvorgangs entweder einen überwiegenden zeitlichen Anteil oder einen »prägenden Charakter«.

Für die Bewertung genügt es, wenn innerhalb eines Arbeitsvorgangs überhaupt konkrete Tätigkeiten verrichtet werden, die die Anforderungen des höheren Tätigkeitsmerkmals erfüllen. In diesem Fall ist der Arbeitsvorgang in seinem gesamten zeitlichen Umfang dem höheren Tätigkeitsmerkmal zuzuordnen.[55]

Ausnahme: Die höher bewerteten Einzeltätigkeiten erreichen kein »rechtserhebliches Ausmaß«. Bei der Anwendung dieses unbestimmten Rechtsbegriffs steht den Arbeitsgerichten ein Beurteilungsspielraum zu. Auch bei

---

53 BAG, Urteil vom 17. März 2021 – 4 AZR 327/20.
54 BAG, Urteil vom 6. August 2003 – 4 AZR 445/02.
55 BAG, Urteil vom 28. Januar 2009 – 4 AZR 13/08.

einem sehr geringen zeitlichen Anteil können Tätigkeitsmerkmale bereits erfüllt sein. So hat das Bundesarbeitsgericht bereits einen zeitlichen Anteil von sieben Prozent bei dem Tätigkeitsmerkmal der »selbstständigen Leistungen« in einem Arbeitsvorgang, der insgesamt 35 Prozent der Gesamtarbeitszeit ausgemacht hat, als rechtserheblich angesehen – insbesondere, wenn bestimmte Anforderungen aus den Tätigkeitsmerkmalen bereitgehalten werden müssen.

»…dass zu Beginn der (auszuübenden) Tätigkeit die Fähigkeit (zur selbständigen Leistung), dieser qualitativen Anforderung gerecht zu werden, allgemein (von der/dem Beschäftigten) ***bereitgehalten*** *werden muss, weil sie nach der arbeitsvertraglichen Aufgabenstellung jederzeit, wenn auch in einem nicht vorhersehbaren Umfang, eingesetzt werden muss.«*[56]

»Hätten die Tarifvertragsparteien die Arbeitszeit zum Bezugspunkt von Heraushebungsmerkmalen machen wollen, so hätten sie das – beispielsweise – in § 12 TVöD/TV-L – zum Ausdruck bringen müssen.«[57]

Folge für die Praxis: Die Arbeitszeit ist kein entscheidungsrelevanter Aspekt für die Bewertung eines Arbeitsvorgangs. Bereits sehr geringe zeitliche Anteile an der qualifizierenden Tätigkeit genügen. Im Fall des Tätigkeitsmerkmals der »selbstständigen Leistung« kann dies das Überspringen mehrerer Entgeltgruppen zur Folge haben.

66. Kann die Anwendung des Begriffs »Arbeitsvorgang« gerichtlich überprüft werden?

Der Begriff des »Arbeitsvorgangs« ist ein feststehender, abstrakter und von den Tarifvertragsparteien vorgegebener Rechtsbegriff. Seine Anwendung durch die Tatsachengerichte ist revisionsgerichtlich jedoch in vollem Umfang nachprüfbar.[58] Das Revisionsgericht (BAG) kann bei Vorliegen erforderlicher Tatsachenfeststellungen sogar Arbeitsvorgänge selbst bilden. Somit haben die Gerichte in allen Eingruppierungsprozessen die recht-

56 BAG, Urteil vom 21. März 2012 – 4 AZR 266/10.
57 BAG, Urteil vom 21. März 2012 – 4 AZR 266/10.
58 BAG, Urteil vom 27. September 2017 – 4 AZR 666/14 mit weiteren Verweisen.

liche Möglichkeit, die Arbeitsvorgänge eines Beschäftigten selbst zu bestimmen und festzulegen.[59]

67. Ist es zulässig, die Bewertung des Arbeitsvorgangs während der Einarbeitungszeit niedriger als die vorgesehene Eingruppierung für die Stelle anzusetzen?

Bei Neueinstellungen oder Wechseln des Arbeitsbereichs wird häufig versucht, Beschäftigte während einer gewissen Einarbeitungszeit aus einer niedrigeren Entgeltgruppe zu vergüten, als es die tariflichen Vorgaben vorsehen. Ein solches Vorgehen widerspricht jedoch der Systematik der Eingruppierung und der Tarifautomatik des § 12 TVöD bzw. TV-L (siehe dazu Frage 36 ff. oben). Demnach sind Beschäftigte mit Übertragung einer Tätigkeit unmittelbar in die Entgeltgruppe einzugruppieren, die den Tätigkeitsmerkmalen der Stelle entsprechen. Es wäre zulässig, wenn der Arbeitgeber den Beschäftigten zunächst nur einen Teil der eigentlich auszuübenden Tätigkeit zuordnet. Die Anforderungen an das Tätigkeitsmerkmal sind dann noch nicht vollständig erfüllt. Der Betriebsrat gemäß § 99 BetrVG bzw. der Personalrat gemäß § 78 Abs. 1 Nr. 4 BPersVG analog den jeweiligen landespersonalvertretungsrechtlichen Regelungen wären hier entsprechend mitzubeteiligen.

59 Litty, Der Arbeitsvorgang in der prozessualen Praxis – ein Kurzüberblick, ZTR 2021, S. 14–17.

E. Stellenbeschreibung und Stellenbewertung

68. Was sind »Stellenbeschreibungen«?

Eine Stellenbeschreibung enthält wesentliche Informationen für den:die Stelleninhaber:in über den entsprechenden Inhalt der auszuübenden und arbeitsvertraglich vereinbarten Tätigkeit, die zu erledigenden Aufgaben, den Platz der Stelle in der betrieblichen Organisation und die Entwicklungschancen auf der jeweiligen Stelle für eine Eingruppierung in eine höhere Entgeltgruppe. Die Stellenbeschreibung dient daher quasi als Dokumentation der Tätigkeit des:der Stelleninhaber:in.

69. Was sind die Ziele von Stellenbeschreibungen?

Die Ziele von Stellenbeschreibungen sind unter anderem:

- Instrument zur (summarischen) Bewertung der Stelle als kleinste organisatorische Arbeitseinheit im Betrieb/der Dienststelle und Feststellung von Tätigkeitsmerkmalen einer Entgeltgruppe.
- Ausgestaltung des Weisungsrechts des Arbeitgebers durch Beschreibung der inhaltlichen Anforderungen an die Stelle und die Stelleninhaber:innen (z. B. welche Kenntnisse, Erfahrungen und Kompetenzen werden erwartet).
- allgemeine und konkrete Tätigkeits-, Aufgaben- und Verantwortungsbeschreibung.
- Beschreibung von speziellen Anforderungen an den Arbeits- und Gesundheitsschutz sowie die Arbeitssicherheit.
- Definition von Zielen, die mit der Stelle verbunden sind.
- Instrument der Personalplanung und Personalentwicklung.

- Beschreibung der Rolle und Funktion der Stelle in der betrieblichen Hierarchie.
- Grundlage für die Zusammenarbeit und Schnittstellen mit anderen Stellen.
- Beschreibung und Definition der notwendigen Arbeitsmittel.
- Umfang der Vertretungsregelungen (welche Stelle vertritt bzw. wird vertreten).
- Grundlage für die *Stellenbewertung.*

70. Welche Inhalte sind bei Stellenbeschreibungen möglich?

In der Regel beginnt eine Stellenbeschreibung mit der Bezeichnung der Stelle.
Es folgt eine organisatorische Einordnung der Stelle mit Angaben zu Abteilung, Stelleninhaber, konkretem Arbeits- und Aufgabenbereich, direkter Zuordnung und Funktionsbezeichnung.
Anschließend folgen Angaben zur Organisationsstruktur, beispielsweise eine Kurzbezeichnung des Aufgabenbereichs mit Vorgesetzten und Unterstellungsverhältnissen.
Weiterhin sind die Befugnisse enthalten, beispielsweise die Entscheidungs- oder Anordnungsbefugnis. Es folgen die zum Aufgabengebiet gehörenden Arbeitsmittel/-instrumente, die Besonderheiten des Arbeitsplatzes, die konkreten Aufgaben/Tätigkeiten, die besonderen Schutzfunktionen im Rahmen des Arbeits- und Gesundheitsschutzes und der Arbeitssicherheit, die Fach- und Spezialkenntnisse bzw. Ausbildungen, die Maßnahmen zur Personalentwicklung für die Stelle, eine konkrete Stellenbewertung in Bezug auf die Eingruppierung, die Entgelt-/Fallgruppe, der Verfasser sowie die Anpassung der Stellenbeschreibung bzw. die nächste Überprüfung auf Aktualität.

71. Welche Auswirkungen hat das Nachweisgesetz auf eine Stellenbeschreibung?

Nach dem Nachweisgesetz hat der Arbeitgeber die Pflicht die wesentlichen Vertragsbedingungen des Arbeitsverhältnisses innerhalb eines Monats nach dem vereinbarten Beginn des Arbeitsverhältnisses, den Beschäftigten die Niederschrift des Arbeitsvertrags auszuhändigen. In der Niederschrift aufzunehmen sind, neben u. a. Zeitpunkt des Beginns des Arbeitsverhältnisses, dem Verweis auf die anwendbaren Tarifverträge, den Betriebs- oder Dienstvereinbarungen sowie der Zusammensetzung und Höhe des Arbeitsentgelts, auch eine kurze Charakterisierung oder Beschreibung der von den Beschäftigten zu leistenden Tätigkeit. Die Beschreibung sowohl der geschuldeten Tätigkeit als auch der übertragenen Aufgabe oder Funktion kann Konsequenzen für die tarifliche Eingruppierung haben.

Praxistipp:
Eine Beschreibung der Tätigkeit soll nach dem Nachweisgesetz dazu dienen, über die Arbeitsinhalte und die entsprechende Eingruppierung zu informieren. Entspricht die Stellenbeschreibung und damit verbundenen Stellenbewertung aber nicht der aktuellen auszuübenden Tätigkeit ist diese nicht die Grundlage für eine tarifkonforme Eingruppierung. Dies wäre ein Verstoß gegen die in §§ 12, 13 TVöD/TV-L genannten Voraussetzungen für die Eingruppierung.

72. Kann die Stellenbeschreibung Grundlage für die Bestimmung des Arbeitsvorgangs in einer Eingruppierungsfeststellungsklage sein?

Eine vom Arbeitgeber erstellte Stellenbeschreibung dient in erster Linie der Dokumentation der Tätigkeit des:der Stelleninhaber:in. Sie kann auch als Grundlage für die Bestimmung von Arbeitsvorgängen in einem Arbeitsgerichtsverfahren herangezogen werden, sofern sie die tatsächlich übertragenen Tätigkeiten sowie die Arbeitsergebnisse ausreichend differenziert wiedergibt und somit eine Identifizierung der auszuübenden Tätigkeit im Rechtsstreit ermöglicht. Liegt eine solche Stellenbeschreibung vor, muss noch gerichtlich festgestellt werden, dass der:die betreffende Arbeitnehmer:in die darin genannten Tätigkeiten – ggf. mit den jeweils aufgeführten

oder auf anderer Grundlage festgestellten Zeitanteilen – tatsächlich auszuüben hat.
»Die tatsächlichen Grundlagen für die Arbeitsvorgangsbestimmung sind von den Gerichten für Arbeitssachen zunächst zu ermitteln und festzustellen. Für eine solche Feststellung kann nicht allein auf eine vom Arbeitgeber verfasste Stellenbeschreibung und die dort genannten, auszuübenden Tätigkeiten sowie deren Aufgliederung abgestellt werden. Eine Stellenbeschreibung dient lediglich der Dokumentation der Tätigkeit des Stelleninhabers. Grundsätzlich kann sie auch nicht ohne weiteres mit den tarifvertraglichen Vorgaben gleichgesetzt und hieraus ohne entsprechende weitere tatsächliche Feststellungen der Arbeitsvorgang im tariflichen Sinne ermittelt werden.«[60]
Kurzum: Die Stellenbeschreibung kann im Prozess zwar helfen, sie kann aber nicht ohne Weiteres mit der Erfüllung der tarifvertraglichen Vorgaben gleichgesetzt werden.[61] Dies ist insbesondere dann der Fall, wenn die Stellenbeschreibung nicht mehr aktuell ist und die tatsächlich übertragene Tätigkeit nicht oder nur unzureichend wiedergibt.

73. Welche Funktion hat die »Stellenbewertung«?

Rechtsgrundlage für das Bewertungsverfahren ist § 12 TVöD/TV-L.
Die Bewertung einer Stelle als kleinste Einheit der Arbeitsorganisation eines Betriebs bzw. einer Dienststelle umfasst die systematische Erfassung der wesentlichen Tätigkeiten, die mit der Stelle verbunden sind, ihre Zusammenfassung zu einem oder mehreren Arbeitsvorgängen sowie die Zuordnung zu einem entsprechenden Tätigkeitsmerkmal im Katalog der Entgeltordnung unter Berücksichtigung der jeweiligen zeitlichen Anteile. Abschließend wird die tarifliche Wertigkeit (Entgeltgruppe) festgestellt.
Dabei werden die Tätigkeiten sowie die tätigkeits- und personenbezogenen Anforderungen objektiv bezogen auf die Stelle erfasst und bewertet – unabhängig vom jeweiligen subjektiven Leistungsvermögen des:der Beschäftigten.

60 BAG, Urteil vom 13. November 2013 – 4 AZR 53/12.
61 BAG, Urteil vom 10. Juni 2020 – 4 AZR 142/19.

74. Welche Methoden der »Stellenbewertung« gibt es?

Es gibt mehrere Methoden, um eine Stelle im tarifvertraglichen Sinne zu bewerten, darunter die analytische und die summarische Stellenbewertung. Für die Eingruppierung nach dem TVöD/TV-L ist keine analytische Stellenbewertung erforderlich, bei der der jeweilige Aufgabenbereich der Beschäftigten oder die einzelnen Arbeitsanforderungen arbeitswissenschaftlich begutachtet werden.
Gemäß § 12 TVöD bzw. TV-L sehen die Tarifverträge des öffentlichen Dienstes eine summarische Stellenbewertung der auszuübenden Tätigkeit vor, die mindestens 50 v. H. der Gesamtarbeitszeit umfasst. Dabei wird die auf der Stelle zu erbringende Tätigkeit als Ganzes betrachtet und tarifvertraglich bewertet. Die dabei festgestellte gesamte Tätigkeit wird dem »Katalog« der Tätigkeitsmerkmale und der Entgelt- bzw. Fallgruppe in der jeweiligen einschlägigen Entgeltordnung zugeordnet.[62]

75. Wer ist für die Erstellung von Stellenbeschreibungen und Stellenbewertungen verantwortlich?

Grundsätzlich liegt die Verantwortung für die Erstellung von Stellenbeschreibungen und deren Bewertung beim Arbeitgeber. In der Praxis sind jedoch je nach Sektor (öffentlicher Dienst oder Privatwirtschaft) mehrere Akteure beteiligt. Häufig sind die Verfasser Mitarbeiter:innen der Personalabteilung bzw. die Personalleiter:innen. Teilweise können aber auch die direkten Fachvorgesetzten der beschriebenen bzw. bewerteten Stelle mitverantwortlich oder sogar hauptverantwortlich sein. Bei den Stellenbewertungen können auch gesonderte Abteilungen oder externe Gutachter:innen anhand von Bewertungsgutachten die Bewertungen vornehmen.

62 Richter, Gamisch »Stellenbeschreibung für den öffentlichen und kirchlichen Dienst«, S. 100.

F. Stufenzuordnung bei Ein- und Umgruppierung

Die Beschäftigten erhalten nach § 15 TVöD/TV-L ein monatliches Tabellenentgelt. Die Höhe dieses Entgelts bestimmt sich nach der Entgeltgruppe, in die die Beschäftigte/der Beschäftigte eingruppiert ist, und nach der für sie/ihn geltenden Stufe. Gemäß § 16 TVöD/TV-L wird für die jeweiligen Entgeltgruppen die Anzahl der Stufen sowie die Stufenzuordnung bei Einstellungen unter Berücksichtigung vorheriger Tätigkeiten bzw. bei Vorliegen einschlägiger Berufserfahrungen bei anderen Arbeitgebern geregelt. § 17 TVöD/TV-L enthält die allgemeinen Stufenregelungen und beschreibt unter anderem, wie die Stufenzuordnung bei Höhergruppierungen erfolgt.

76. Wie erfolgt grundsätzlich die Stufenzuordnung bei Einstellungen?

§ 16 TVöD (Bund) (VKA)[63]

Die Entgeltgruppen umfassen in der Regel sechs Stufen. Mit dem ÄndTV Nr. 11 zum TVöD vom 29. April 2016, wirksam ab dem 1. März 2016, wurde Abs. 1 (Bund) dahingehend geändert, dass in den Entgeltgruppen 9a–15 eine neue Stufe 6 eingeführt wurde. Bis zum 29. Februar 2016 enthielten die Entgeltgruppen 9–15 des TVöD (Bund) lediglich fünf Stufen. Im Bereich der VKA enthalten die Entgeltgruppen dagegen regelmäßig sechs Stufen. Sowohl im TVöD (Bund) als auch im TVöD (VKA) sind für die Entgeltgruppe 1 hingegen nur fünf Stufen vorgesehen. Ausnahmen von den in § 16 TVöD (VKA) geregelten Stufenlaufzeiten für Beschäftigte,

63 Görg, Guth, TVöD-Basiskommentar, § 16 Rn. 1.

beispielsweise mit handwerklichen Tätigkeiten nach Anlage 1 – Entgeltordnung (VKA), sind im Anhang zu § 16 TVöD (VKA) aufgeführt. Der »Anhang zu § 16 TVöD (Bund) – Besondere Stufenregelungen für vorhandene und neu eingestellte Beschäftigte« wurde mit Inkrafttreten der Entgeltordnung des Bundes zum TVöD (EntgO Bund) zum 1. Januar 2014 aufgehoben. Im Geltungsbereich des TVöD (VKA) wurden die bisherigen Stufenbegrenzungen aus dem ehemaligen Arbeiterbereich in den Entgeltgruppen 9a (Endstufe: Stufe 4) und 2 (Endstufe: Stufe 5) mit Wirkung zum 1. März 2018 ebenso aufgehoben wie § 16 Absatz 1 Satz 2 TVöD (VKA) und der Anhang zu § 16 TVöD (VKA).[64]

Zusammenfassend: In den meisten Entgeltgruppen gibt es sechs Stufen. Durch Tarifänderungen wurden in einigen Gruppen neue Stufen eingeführt oder bestehende Stufenbegrenzungen aufgehoben. Für bestimmte Tätigkeiten im Geltungsbereich des TVöD (Bund)(VKA) gelten zudem spezielle Regelungen und Ausnahmen bezüglich der Stufenlaufzeiten und Endstufen.

§ 16 TV-L[65]

In den Entgeltgruppen 2 bis 15 gibt es sechs Stufen. Sonderregelungen zu den Stufen der Entgelttabelle sind im TV-L enthalten.

- § 40 Nr. 5 für Beschäftigte an Hochschulen und Forschungseinrichtungen sowie
- § 41 Nr. 11 für Ärztinnen und Ärzte an Universitätskliniken sowie § 44 Nr. 2a für Lehrkräfte.
- § 44 Nr. 2a für Lehrkräfte sowie § 46 Nr. 5 für Beschäftigte auf Schiffen und schwimmenden Geräten.
- § 46 Nr. 5 für Beschäftigte auf Schiffen und schwimmenden Geräten sowie § 47 Nr. 2 für Beschäftigte im Justizvollzugsdienst und im feuerwehrtechnischen Dienst der Freien und Hansestadt Hamburg.
- § 47 Nr. 2 betrifft Beschäftigte im Justizvollzugsdienst sowie im feuerwehrtechnischen Dienst der Freien und Hansestadt Hamburg.

64 Görg, Guth, TVöD-Basiskommentar, § 16 Rn. 1.
65 Görg, Guth, TV-L-Basiskommentar, § 16 Rn. 1.

77. In welche Stufen kommen neu eingestellte Beschäftigte?

Neu eingestellte Beschäftigte werden gemäß § 16 Abs. 2 Satz 1, Abs. 3 S. 1 TVöD/§ 16 Abs. 2 Satz 1 TV-L grundsätzlich in Stufe 1 eingestuft. Nach Ablauf einer in § 16 Abs. 4 TVöD/§ 16 Abs. 3 TV-L festgelegten Anzahl von Jahren erreichen sie die jeweils nächsthöhere Stufe. Diese Anzahl von Jahren wird Stufenlaufzeit genannt. Sofern die einschlägige Berufserfahrung mindestens ein Jahr beträgt und aus einem vorherigen Arbeitsverhältnis zum selben Arbeitgeber stammt, werden die Vordienstzeiten bei der Stufenzuordnung vollständig berücksichtigt. Dies ist in § 16 Abs. 2 Satz 2 TV-L, nach § 16 Abs. 2 Satz 2 TVöD nur in den Entgeltgruppen 9 bis 15 der Fall.

Bei Neueinstellungen können andere Zeiten einer vorherigen beruflichen Tätigkeit ganz oder teilweise für die Stufenzuordnung berücksichtigt werden, wenn auf dem Arbeitsmarkt nicht genügend oder nicht hinreichend qualifiziertes Personal gewonnen werden kann (§ 16 Abs. 3 Satz 4 TVöD/§ 16 Abs. 2 Satz 4 TV-L). Ab Stufe 3 kann die Stufenlaufzeit nach §§ 16 Abs. 4 Satz 1, 17 Abs. 2 TVöD bzw. §§ 16 Abs. 3, 17 Abs. 2 TV-L verlängert oder verkürzt werden, wenn die Leistungen des Beschäftigten erheblich über oder erheblich unter dem Durchschnitt liegen.

78. Wann liegt eine »einschlägige Berufserfahrung« vor?

Nach der Rechtsprechung ist für das Vorliegen einschlägiger Berufserfahrung im Sinne von § 16 TVöD/TV-L allein maßgebend, ob die frühere Tätigkeit fachliche Anforderungen gestellt hat, die den Entfall einer Einarbeitungszeit erwarten lassen. Dies ist in zwei Fällen regelmäßig der Fall. Der erste Fall tritt ein, wenn die frühere Tätigkeit im Wesentlichen unverändert fortgesetzt wird. Der zweite Fall liegt vor, wenn die frühere und die nunmehr auszuübende Tätigkeit gleichartig waren und zwischen beiden eine eingruppierungsrechtliche Gleichwertigkeit besteht. Damit der Beschäftigte von dem erworbenen Kenntnis- und Fähigkeitszuwachs weiterhin profitieren kann, muss die einschlägige Berufserfahrung im Sinne des

§ 16 TVöD/TV-L für die nach der Einstellung konkret auszuübende Tätigkeit erforderlich und prägend sein.[66]

79. Welche Protokollerklärungen mit weiteren Hinweisen zum Vorliegen einschlägiger Berufserfahrung sind in den Tarifverträgen zu finden?

In jedem Tarifvertrag des öffentlichen Dienstes gibt es eigenständige Protokollerklärungen zur Begrifflichkeit »einschlägige Berufserfahrung«. Im Tarifvertrag des Bundes findet sich eine solche Erklärung zu § 16 Absatz 2 TVöD (Bund). Im Tarifvertrag der Kommunen findet sich eine entsprechende Protokollerklärung zu § 16 Absatz 2 TVöD (VKA). Gleiches gilt für die Länder, wo sich eine entsprechende Protokollerklärung zu § 16 Absatz 2 TV-L findet. Ob einschlägige Berufserfahrung vorliegt, ist entscheidend für die Zuordnung der Stufe in der jeweiligen Entgeltgruppe. Für Beschäftigte, die unter die Entgelttabelle für den Sozial- und Erziehungsdienst fallen, gibt es Sonderregeln. Siehe dazu § 16 Abs. 2.1 TVöD (VKA) und § 52 Nr. 3 TV-L.

80. Welchen Inhalt haben die unterschiedlichen Protokollerklärungen von Ländern, Bund und VKA?

§ 16 Absatz 2 TV-L:

1. Einschlägige Berufserfahrung ist eine berufliche Erfahrung in der übertragenen oder einer auf die Aufgabe bezogen entsprechenden Tätigkeit.
2. Ein Berufspraktikum nach dem Tarifvertrag über die vorläufige Weitergeltung der Regelungen für die Praktikanten beziehungsweise nach dem Tarifvertrag über die Regelung der Arbeitsbedingungen der Praktikanten der Länder gilt grundsätzlich als Erwerb einschlägiger Berufserfahrung.
3. Ein vorheriges Arbeitsverhältnis im Sinne des Satzes 2 besteht, wenn zwischen dem Ende des vorherigen und dem Beginn des neuen Arbeits-

66 LAG Niedersachsen, Urteil vom 28. Januar 2025 – 10 SLa 254/24 E mit weiteren Verweisen.

verhältnisses ein Zeitraum von längstens sechs Monaten liegt; bei Wissenschaftlern ab der Entgeltgruppe 13 verlängert sich der Zeitraum auf längstens zwölf Monate.

§ 16 Absatz 2 TVöD (VKA):

Ein Berufspraktikum nach dem Tarifvertrag für Praktikanten des öffentlichen Dienstes (TVPöD) vom 27. Oktober 2009 gilt grundsätzlich als erwerbeinschlägige Berufserfahrung.

§ 16 Absatz 2 TVöD (Bund):

1. Einschlägige Berufserfahrung ist eine berufliche Erfahrung in der übertragenen oder einer auf die Aufgabe bezogen entsprechenden Tätigkeit.
2. Ein Berufspraktikum nach dem Tarifvertrag für Praktikanten des öffentlichen Dienstes (TVPöD) vom 27. Oktober 2009 gilt grundsätzlich als Erwerb einschlägiger Berufserfahrung.

81. Inwiefern werden Zeiten eines anderen Arbeitsverhältnisses im öffentlichen Dienst berücksichtigt?

Gemäß § 16 Abs. 2a TVöD/TV-L kann bei der Einstellung von Beschäftigten, die zuvor in einem Arbeitsverhältnis im öffentlichen Dienst (§ 34 Abs. 3 Sätze 3 und 4) oder bei einem Arbeitgeber mit einem vergleichbaren Tarifvertrag standen, die zuvor erworbene Stufe ganz oder teilweise bei der Stufenzuordnung berücksichtigt werden. Zweck dieser Regelung ist es, den Wechsel von Arbeitskräften zwischen verschiedenen Arbeitgebern des öffentlichen Dienstes zu erleichtern. Voraussetzung hierfür ist der Abschluss eines Arbeitsverhältnisses nach TVöD/TV-L im unmittelbaren Anschluss an ein Arbeitsverhältnis mit einem anderen Arbeitgeber im öffentlichen Dienst oder mit einem Arbeitgeber, der den TVöD/TV-L oder einen vergleichbaren Tarifvertrag anwendet. § 16 Abs. 2a TVöD/TV-L findet keine Anwendung, wenn ein befristetes Arbeitsverhältnis endet und im Anschluss daran ein weiteres – befristetes oder unbefristetes – Arbeitsverhältnis zu demselben Arbeitgeber begründet wird. In diesem Fall erfolgt eine Anrechnung der Zeiten als einschlägige Berufserfahrung nach § 16 Abs. 2 TVöD/TV-L. Diese Tarifnorm differenziert nicht zwischen Neu- und Wiedereinstellung. Dies gilt auch für die wiederholte Einstellung von zuvor befristet Beschäftigten.

82. Besteht die Möglichkeit eines leistungsabhängigen Stufenaufstiegs?

Gemäß § 17 Abs. 2 TVöD/TV-L kann die für das Erreichen der Stufen 4 bis 6 erforderliche Zeit bei erheblich über- oder unterdurchschnittlichen Leistungen leistungsabhängig verkürzt oder verlängert werden. Ob von dieser »Kann-Regelung« Gebrauch gemacht wird, obliegt dem Arbeitgeber. Es handelt sich um eine Frage der innerbetrieblichen Lohngestaltung. Nach allen Personalvertretungsgesetzen und dem Betriebsverfassungsgesetz ist diese mitbestimmungspflichtig. Die Mitbestimmung beinhaltet auch die Frage, nach welchen Maßstäben die Beschleunigung oder Verzögerung des Stufenaufstieges bestimmt wird. Diese Fragen sind grundsätzlich in einer Dienst- bzw. Betriebsvereinbarung zu regeln.[67] Ohne eine entsprechende betriebliche Regelung darf der Arbeitgeber keinen leistungsabhängigen Stufenaufstieg durchführen.

67 Görg, Guth, TVöD-Basiskommentar, § 16 Rn. 1.

G. Durchsetzung einer tarifkonformen Eingruppierung durch die Beschäftigten

Sind Beschäftigte der Auffassung, dass sie einen Anspruch auf Zahlung einer höheren Entgeltgruppe haben, und weigert sich der Arbeitgeber, diesen Anspruch zu erfüllen, können die Beschäftigten innerbetrieblich tätig werden, indem sie beim Arbeitgeber eine Höhergruppierung geltend machen, oder gerichtlich vorgehen. Bei der Durchsetzung einer tarifkonformen Eingruppierung müssen tarifvertragliche Ausschlussfristen beachtet werden.

83. Welche tarifvertraglichen Ausschlussfristen gibt es im öffentlichen Dienst?

Die tarifvertraglichen Ausschlussfristen sind im öffentlichen Dienst in § 37 TVöD/TV-L festgelegt. Insofern sind die tarifvertraglichen Ausschlussfristen in allen Tarifverträgen des öffentlichen Dienstes an gleicher Stelle zu finden. Ansprüche aus dem Arbeitsvertrag verfallen, wenn sie nicht innerhalb der Ausschlussfrist nach § 37 TVöD/TV-L schriftlich geltend gemacht werden. Die Geltendmachung muss immer schriftlich erfolgen. Gemäß § 126 BGB ist hierfür die eigenhändige Unterschrift des/der Beschäftigten erforderlich, der/die den Anspruch geltend macht.

84. Welchen Sinn und Zweck haben tarifvertragliche Ausschlussfristen?

Tarifliche Ausschlussfristen dienen der Rechtssicherheit und dem Rechtsfrieden, da sie verhindern, dass nach Jahren oder Jahrzehnten noch Rechtsstreitigkeiten zwischen Arbeitnehmer:innen und Arbeitgebern entstehen. In diesem Kontext schützen sie die Arbeitsvertragsparteien vor langfristigen und erheblichen finanziellen Rückforderungen. Ausschlussfristen dienen außerdem der zeitnahen Klärung von Ansprüchen[68].

85. Welchen Inhalt hat § 37 TVöD/TV-L?

§ 37 Absatz 1 TVöD besagt, dass Ansprüche aus dem Arbeitsverhältnis verfallen, wenn sie nicht innerhalb einer Ausschlussfrist von sechs Monaten nach Fälligkeit von der/dem Beschäftigten oder vom Arbeitgeber in Textform geltend gemacht werden. Für denselben Sachverhalt reicht die einmalige Geltendmachung des Anspruchs auch für später fällige Leistungen aus. Nach Absatz 2 gilt Absatz 1 nicht für Ansprüche aus einem Sozialplan sowie für Ansprüche, die kraft Gesetzes einer Ausschlussfrist entzogen sind. Ein streitiger Zahlungsanspruch muss so konkret wie möglich sein, den Grund (keine tarifkonforme Eingruppierung) des Anspruchs enthalten und die Entgeltgruppe benennen. Eine konkrete Bezifferung der Entgelthöhe ist grundsätzlich nicht notwendig.

86. In welcher Form muss der Anspruch geltend gemacht werden?

Gemäß § 37 TV-L muss die Geltendmachung immer schriftlich erfolgen. Dies setzt gemäß § 126 des Bürgerlichen Gesetzbuchs (BGB) eine eigenhändige Unterschrift des bzw. der Beschäftigten voraus, die den Anspruch geltend machen.

Während früher auch im Geltungsbereich des TVöD Bund und VKA eine schriftliche Geltendmachung erforderlich war, reicht seit dem 1. Januar 2020 die Textform gemäß § 126b BGB aus. Erforderlich ist eine lesbare Erklärung, in der die Person des Erklärenden genannt ist und die auf einem dauerhaften Datenträger abgegeben wird. Die Geltendmachung ist beispielsweise per E-Mail möglich. Der Zugang der Erklärung bzw. die Geltendmachung einer höheren Entgeltgruppe muss es dem Empfänger

68 LG Hamm (Westfalen), Urteil vom 7. Juli 2016 – 8 Sa 306/16 mit weiteren Verweisen.

bzw. der Empfängerin ermöglichen, die an ihn bzw. sie gerichtete Erklärung so aufzubewahren oder zu speichern, dass sie ihm bzw. ihr während eines angemessenen Zeitraums zugänglich ist und sie geeignet ist, unverändert wiedergegeben zu werden (§ 126b Satz 2 BGB). Es wird jedoch empfohlen, dass die anspruchsstellende Person das »höherwertige« Mittel der Schriftform gemäß § 126 BGB oder der elektronischen Form gemäß § 126a BGB wählt.[69]

Zusammenfassend: Weder für den TVöD noch für den TV-L genügt eine mündliche Forderung bzw. Geltendmachung. Nach § 37 Abs. 1 Satz 2 TVöD/TV-L reicht die einmalige Geltendmachung der höheren Entgeltgruppe auch für später fällige Leistungen aus.

87. Was ist eine »Eingruppierungsfeststellungsklage«?

Bei der Eingruppierungsfeststellungsklage handelt es sich um eine arbeitsgerichtliche Klage von Beschäftigten, mit der das tarifkonforme Entgelt gerichtlich festgestellt werden soll. Sie kommt immer dann infrage, wenn sich der Arbeitgeber weigert, dem Anspruch von Beschäftigten auf eine Höhergruppierung zu entsprechen. Mit der Eingruppierungsfeststellungsklage wird die Vergütung nach einer höheren Entgeltgruppe begehrt.

> **Ein Klageantrag lautet z. B. wie folgt:**
> *»Der/die Kläger/in beantragt,*
> *festzustellen, dass die Beklagte verpflichtet ist, den/die Kläger/in ab dem 01.01.20XX nach der Entgeltgruppe 9b Fallgruppe 1 Stufe 3 Teil III Abschnitt 28 Unterabschnitt 1 TV EntgO Bund zu bezahlen.«*

> **Praxistipp:**
> Eine Klage sollte gut überlegt sein. Sie sollte nicht leichtfertig, sondern nach reiflicher Überlegung eingereicht werden. Dabei ist es ratsam, rechtlichen Beistand hinzuzuziehen, der über Kenntnisse im Tarifrecht und Eingruppierungsrecht des öffentlichen Dienstes verfügt.

69 Bredemeier/Neffke/Gerretz, 6. Aufl. 2022, TVöD § 37 Rn. 18, beck-online.

88. Wer muss im Eingruppierungsfeststellungsverfahren was darlegen und was beweisen?

Für die klagenden Beschäftigten kann der Prozess der Eingruppierung im öffentlichen Dienst eine Herausforderung sein. Dies betrifft neben der sorgfältigen Aufbereitung des Sachverhalts auch die Darlegungs- und Beweislast. Im Eingruppierungsstreit obliegt den klagenden Beschäftigten nach den allgemeinen zivilprozessualen Grundsätzen die Darlegungslast. Wenn er:sie die Auffassung vertritt, seine:ihre Tätigkeit erfülle die Anforderungen eines Tätigkeitsmerkmals einer höheren als der vom Arbeitgeber angenommenen Entgeltgruppe, obliegt es ihm:ihr, je nach Lage und Erfordernissen des Einzelfalls, diejenigen Tatsachen vorzutragen und im Bestreitensfall zu beweisen, die den rechtlichen Schluss zulassen, dass er oder sie die tariflichen Anforderungen des beanspruchten Tätigkeitsmerkmals der maßgebenden Entgeltgruppe erfüllt. Es obliegt daher regelmäßig dem:der Kläger:in, die ihm bzw. ihr übertragenen Aufgaben und die tatsächlich auszuübende Tätigkeit im Einzelnen darzustellen und zu beweisen.[70]

89. Welches Gericht ist für Eingruppierungsfeststellungsklagen zuständig?

Bei Eingruppierungsstreitigkeiten handelt es sich um »bürgerliche Streitigkeiten« aus dem Arbeitsvertrag (§ 2 ArbGG). Beschäftigte im öffentlichen Dienst müssen deshalb Eingruppierungsfeststellungsklagen grundsätzlich bei den für sie örtlich und sachlich zuständigen Arbeitsgerichten erheben. Zunächst sind immer die erstinstanzlichen Arbeitsgerichte zuständig. Die letzte mögliche nationale Instanz für Eingruppierungsstreitigkeiten ist das Bundesarbeitsgericht.

---

70 StRspr., z. B. BAG 14. Oktober 2020 – 4 AZR 252/19, NZA-RR 2021, 260; 22. Juni 2022 – 4 AZR 440/21, AP TVöD § 12 Nr. 15 = BeckRS 2022, 32738.

90. Was passiert bei rückwirkender Feststellung einer falschen Eingruppierung?

Gemäß § 37 Abs. 1 S. 1 TVöD-V sind alle vor der Ausschlussfrist möglichen gewordenen Zahlungsansprüche tariflich verfallen. Gleichwohl muss der Arbeitgeber ab dem Zeitpunkt der Übertragung der Tätigkeit die Eingruppierung korrigieren. Dies kann Auswirkungen auf die Stufenzuordnung bzw. die Stufenlaufzeiten und die Berechnung der Höhe des Zahlungsanspruchs haben.
Die Dienststelle hat darüber hinaus den Personalrat über den Ausgang des Verfahrens und die gerichtlich festgestellte Korrektur der Entgeltgruppe zu informieren. Zudem ist er bei der korrigierenden Höhergruppierung nach § 78 Abs. 1 Nr. 4 BPersVG analog den Regelungen der Landespersonalvertretungsrechte zu beteiligen.

H. Beteiligungsrechte der gesetzlichen Interessenvertretung

91. Welche Beteiligungsrechte haben die gesetzlichen Interessenvertretungen bei der Ein-, Höher- oder Rückgruppierung?

Ein-, Höher- oder Rückgruppierungen von Beschäftigten sind mitbestimmungspflichtig.
Zu beteiligen sind der Betriebsrat gemäß § 99 BetrVG bzw. der Personalrat gemäß § 78 Abs. 1 Nr. 4 BPersVG (analog dem Personalvertretungsrecht der Länder). Zweck des Mitbestimmungsrechts ist, dass der Betriebs- bzw. Personalrat die vom Arbeitgeber bzw. der Dienststelle vorzunehmende Ein- oder Höher-/Rückgruppierung dahingehend beurteilt, ob sie den Grundsätzen und konkreten Vorgaben zur Systematik der Eingruppierung gemäß §§ 12, 13 TVöD/TV-L entspricht.

92. Wann liegt eine mitbestimmungspflichtige Ein- oder Umgruppierung vor?

Eine Eingruppierung bezeichnet die erstmalige Einreihung eines Beschäftigten in ein im Betrieb bzw. in der Dienststelle geltendes kollektives Entgeltschema. Eine Umgruppierung bezeichnet die erneute Einreihung eines Beschäftigten in ein solches Entgeltschema. Ein kollektives Entgeltschema ist dadurch gekennzeichnet, dass die Zuordnung der Arbeitnehmer:innen nach bestimmten, allgemein beschriebenen Tätigkeitsmerkmalen und Entgeltgruppen erfolgt. Diese Gruppen dienen der Zuordnung der Beschäftigten nach bestimmten, allgemein bestehenden Merkmalen und tariflich festgelegten Wertigkeiten. Die Entgeltordnungen der Tarifverträge

für den öffentlichen Dienst sind ein Beispiel für ein kollektiv vereinbartes Entgeltschema.
Die Eingruppierung im öffentlichen Dienst erfolgt zwingend nach der arbeitsvertraglich vereinbarten bzw. vom Arbeitgeber im Rahmen des Weisungsrechts nach § 106 GewO zugewiesenen und auszuübenden Tätigkeit. Deshalb stellt das Mitbestimmungsrecht des Betriebsrats gemäß § 99 Abs. 1 BetrVG bzw. des Personalrats gemäß § 78 Abs. 1 Nr. 4 BPersVG (analog dem Personalvertretungsrecht der Länder) bei der Eingruppierung auch ein **Mitbeurteilungsrecht** dar. Durch die Beteiligung des Betriebs- bzw. Personalrats soll eine größere Gewähr für die Richtigkeit der vorgenommenen Eingruppierung und die tarifkonforme Anwendung der Entgeltgruppenzuordnung im Betrieb bzw. in der Dienststelle erreicht werden.

93. Welche Aspekte überprüft die gesetzliche Interessenvertretung bei der Ausübung ihres Mitbestimmungs- und Mitbeurteilungsrechts?

Die Ein- und Umgruppierung von Beschäftigten zeichnet sich dadurch aus, dass die Zuordnung der Beschäftigten nach bestimmten, allgemein beschriebenen Tätigkeitsmerkmalen in den Entgeltordnungen erfolgt. Sie erfolgt durch die Zuordnung der auszuübenden Tätigkeit der Beschäftigten zu einer Entgeltgruppe in der jeweiligen Entgeltordnung nach den dafür geltenden Grundsätzen der Tarifautomatik aus §§ 12, 13 TVöD/TV-L.
Ebenso wie bei der Eingruppierung sind bei der Höhergruppierung und der damit verbundenen Mitbestimmung des Betriebs- bzw. Personalrats die Grundsätze der Tarifautomatik maßgeblich. Danach erfolgt die Einreihung des Arbeitnehmers/der Arbeitnehmerin durch Subsumtion seiner/ihrer Tätigkeit, Qualifikation und beruflichen Erfahrung unter die abstrakt-generellen Merkmale der im Betrieb/in der Dienststelle angewandten Entgeltordnung. Der:die Arbeitnehmer:in ist eingruppiert, er/sie wird nicht eingruppiert. Die Entscheidung des Arbeitgebers bzw. der Dienststellenleitung, einen Arbeitnehmer einer bestimmten Entgeltgruppe zuzuordnen, ist mithin nicht konstitutiver, sondern deklaratorischer Natur.

Dementsprechend bezieht sich die Mitbestimmung des Personal-/Betriebsrats auch insoweit auf eine Mitbeurteilung der Rechtslage.[71]

> **Praxistipp:** Wurde die Eingruppierung nicht tarifkonform und nicht entsprechend der Systematik und den Prinzipien der §§ 12, 13 TVöD/TV-L vorgenommen, können der Betriebsrat gemäß § 99 Abs. 2 BetrVG und der Personalrat gemäß § 78 Abs. 5 BPersVG – entsprechend den Regelungen des Landespersonalvertretungsgesetzes – ihre Zustimmung zur Ein- oder Umgruppierung verweigern. Im betriebsverfassungsrechtlichen Bereich muss sich der Arbeitgeber die Zustimmung zur Eingruppierung durch das Arbeitsgericht ersetzen lassen, im personalvertretungsrechtlichen Bereich ist die Einigungsstelle zuständig.

94. Welche Aufgaben haben die gesetzlichen Interessenvertretungen im Zusammenhang mit der Ein- und Umgruppierung noch?

Bei der Ein-/Umgruppierung und Stufenzuordnung der Beschäftigten haben die Interessenvertretungen verschiedene weitere Aufgaben aus dem BetrVG bzw. den Personalvertretungsgesetzen. Dazu gehört die Überwachung der innerbetrieblichen Lohngerechtigkeit und der Umsetzung von Tarifverträgen und Gesetzen wie dem Allgemeinen Gleichbehandlungsgesetz oder dem Entgelttransparenzgesetz.

95. Welche Schritte sind bei der Prüfung einer ordnungsgemäßen tarifkonformen Ein-/Höhergruppierung und Entgeltbildung zu beachten?

Die ordnungsgemäße, tarifkonforme Ein- bzw. Höhergruppierung nach den §§ 12, 13 TVöD/TV-L sowie die Entgeltbildung können vom Betriebs- bzw. Personalrat in drei Schritten geprüft werden (Kurzfassung). Im ersten Schritt wird geprüft, ob der Arbeitgeber bzw. die Dienststelle die zur Entscheidungsfindung und Beurteilung einer tarifkonformen Eingruppierung notwendigen Unterlagen und Informationen bereitstellt. Im zweiten

71 BVerwG, Beschluss vom 8. Januar 2025 – 5 P 2/23, BVerwGE nn, Rn. 23.

Schritt werden die Tätigkeitsmerkmale, Entgeltgruppen und Fallgruppen festgestellt, in welche die Beschäftigten eingruppiert sind. Dabei wird geprüft, welche Tätigkeit tatsächlich ausgeübt wird, welche Arbeitsvorgänge anfallen, welches das maßgebliche Arbeitsergebnis ist, wie die Arbeitsvorgänge bewertet werden und ob der erforderliche zeitliche Anteil an der Gesamttätigkeit erreicht ist. Im dritten und letzten Schritt findet die Stufenzuordnung statt. Diese ist in den §§ 16, 17 TVöD/TV-L geregelt. In diesem Schritt werden die Stufe und der Entgeltbetrag für die Geltendmachung festgestellt. Sowohl die Rechtsprechung als auch zahlreiche Regelungen in den Bundes- und Personalvertretungsgesetzen sehen die Mitbestimmung bei der Stufenzuordnung vor.

Anhang: Tarifvertragliche Regelungen zum Eingruppierungsrecht im öffentlichen Dienst aus dem TVöD und TV-L

§ 12 TVöD (Bund) Eingruppierung

(1) [1]Die Eingruppierung der/des Beschäftigten richtet sich nach dem Tarifvertrag über die Entgeltordnung des Bundes (TV EntgO Bund). [2]Die/Der Beschäftigte erhält Entgelt nach der Entgeltgruppe, in der sie/er eingruppiert ist.

(2) [1]Die/Der Beschäftigte ist in der Entgeltgruppe eingruppiert, deren Tätigkeitsmerkmalen die gesamte von ihr/ihm nicht nur vorübergehend auszuübende Tätigkeit entspricht. [2]Die gesamte auszuübende Tätigkeit entspricht den Tätigkeitsmerkmalen einer Entgeltgruppe, wenn zeitlich mindestens zur Hälfte Arbeitsvorgänge anfallen, die für sich genommen die Anforderungen eines Tätigkeitsmerkmals oder mehrerer Tätigkeitsmerkmale dieser Entgeltgruppe erfüllen. [3]Kann die Erfüllung einer Anforderung in der Regel erst bei der Betrachtung mehrerer Arbeitsvorgänge festgestellt werden (z. B. vielseitige Fachkenntnisse), sind diese Arbeitsvorgänge für die Feststellung, ob diese Anforderung erfüllt ist, insoweit zusammen zu beurteilen. [4]Werden in einem Tätigkeitsmerkmal mehrere Anforderungen gestellt, gilt das in Satz 2 bestimmte Maß, ebenfalls bezogen auf die gesamte auszuübende Tätigkeit, für jede Anforderung. [5]Ist in einem Tätigkeitsmerkmal ein von Satz 2 oder 4 abweichendes zeitliches Maß bestimmt, gilt dieses. [6]Ist in einem Tätigkeitsmerkmal als Anforderung eine Voraussetzung in der Person der/des Beschäftigten bestimmt, muss auch diese Anforderung erfüllt sein.

Protokollerklärungen zu Absatz 2:

1. [1]Arbeitsvorgänge sind Arbeitsleistungen (einschließlich Zusammenhangsarbeiten), die, bezogen auf den Aufgabenkreis der/des Beschäftigten, zu einem bei natürlicher Betrachtung abgrenzbaren Arbeitsergebnis führen (z. B. unterschrifts-

reife Bearbeitung eines Aktenvorgangs, eines Widerspruchs oder eines Antrags, Betreuung bzw. Pflege einer Person oder Personengruppe, Fertigung einer Bauzeichnung, Erstellung eines EKG, Durchführung einer Unterhaltungs- bzw. Instandsetzungsarbeit). [2]Jeder einzelne Arbeitsvorgang ist als solcher zu bewerten und darf dabei hinsichtlich der Anforderungen zeitlich nicht aufgespalten werden.
2. Eine Anforderung im Sinne der Sätze 2 und 3 ist auch das in einem Tätigkeitsmerkmal geforderte Herausheben der Tätigkeit aus einer niedrigeren Entgeltgruppe.

(3) Die Entgeltgruppe der/des Beschäftigten ist im Arbeitsvertrag anzugeben.

§ 12 TVöD (VKA) Eingruppierung

(1) [1]Die Eingruppierung der/des Beschäftigten richtet sich nach den Tätigkeitsmerkmalen der Anlage 1 – Entgeltordnung (VKA). Die/Der Beschäftigte erhält Entgelt nach der Entgeltgruppe, in der sie/er eingruppiert ist.
(2) [1]Die/Der Beschäftigte ist in der Entgeltgruppe eingruppiert, deren Tätigkeitsmerkmalen die gesamte von ihr/ihm nicht nur vorübergehend auszuübende Tätigkeit entspricht. [2]Die gesamte auszuübende Tätigkeit entspricht den Tätigkeitsmerkmalen einer Entgeltgruppe, wenn zeitlich mindestens zur Hälfte Arbeitsvorgänge anfallen, die für sich genommen die Anforderungen eines Tätigkeitsmerkmals oder mehrerer Tätigkeitsmerkmale dieser Entgeltgruppe erfüllen. [3]Kann die Erfüllung einer Anforderung in der Regel erst bei der Betrachtung mehrerer Arbeitsvorgänge festgestellt werden (z. B. vielseitige Fachkenntnisse), sind diese Arbeitsvorgänge für die Feststellung, ob diese Anforderung erfüllt ist, insoweit zusammen zu beurteilen. [4]Werden in einem Tätigkeitsmerkmal mehrere Anforderungen gestellt, gilt das in Satz 2 bestimmte Maß, ebenfalls bezogen auf die gesamte auszuübende Tätigkeit, für jede Anforderung. [5]Ist in einem Tätigkeitsmerkmal ein von den Sätzen 2 bis 4 abweichendes zeitliches Maß bestimmt, gilt dieses. [6]Ist in einem Tätigkeitsmerkmal als Anforderung eine Voraussetzung in der Person der/des Beschäftigten bestimmt, muss auch diese Anforderung erfüllt sein.

Protokollerklärung zu Absatz 2:
[1]Arbeitsvorgänge sind Arbeitsleistungen (einschließlich Zusammenhangsarbeiten), die, bezogen auf den Aufgabenkreis der/des Beschäftigten, zu einem bei natürlicher

Betrachtung abgrenzbaren Arbeitsergebnis führen (z. B. unterschriftsreife Bearbeitung eines Aktenvorgangs, eines Widerspruchs oder eines Antrags, Erstellung eines EKG, Fertigung einer Bauzeichnung, Konstruktion einer Brücke oder eines Brückenteils, Bearbeitung eines Antrags auf eine Sozialleistung, Betreuung einer Person oder Personengruppe, Durchführung einer Unterhaltungs- oder Instandsetzungsarbeit). [2]Jeder einzelne Arbeitsvorgang ist als solcher zu bewerten und darf dabei hinsichtlich der Anforderungen zeitlich nicht aufgespalten werden. [3]Eine Anforderung im Sinne der Sätze 2 und 3 ist auch das in einem Tätigkeitsmerkmal geforderte Herausheben der Tätigkeit aus einer niedrigeren Entgeltgruppe.

(3) Die Entgeltgruppe der/des Beschäftigten ist im Arbeitsvertrag anzugeben.

§ 12 TV-L Eingruppierung

(1) [1]Die Eingruppierung der/des Beschäftigten richtet sich nach den Tätigkeitsmerkmalen der Entgeltordnung (Anlage). [2]Die/Der Beschäftigte erhält Entgelt nach der Entgeltgruppe, in der sie/er eingruppiert ist. [3]Die/Der Beschäftigte ist in der Entgeltgruppe eingruppiert, deren Tätigkeitsmerkmalen die gesamte von ihr/ihm nicht nur vorübergehend auszuübende Tätigkeit entspricht. [4]Die gesamte auszuübende Tätigkeit entspricht den Tätigkeitsmerkmalen einer Entgeltgruppe, wenn zeitlich mindestens zur Hälfte Arbeitsvorgänge anfallen, die für sich genommen die Anforderungen eines Tätigkeitsmerkmals oder mehrerer Tätigkeitsmerkmale dieser Entgeltgruppe erfüllen. [5]Kann die Erfüllung einer Anforderung in der Regel erst bei der Betrachtung mehrerer Arbeitsvorgänge festgestellt werden (z. B. vielseitige Fachkenntnisse), sind diese Arbeitsvorgänge für die Feststellung, ob diese Anforderung erfüllt ist, insoweit zusammen zu beurteilen. [6]Werden in einem Tätigkeitsmerkmal mehrere Anforderungen gestellt, gilt das in Satz 4 bestimmte Maß, ebenfalls bezogen auf die gesamte auszuübende Tätigkeit, für jede Anforderung. [7]Ist in einem Tätigkeitsmerkmal ein von Satz 4 oder 6 abweichendes zeitliches Maß bestimmt, gilt dieses. [8]Ist in einem Tätigkeitsmerkmal als Anforderung eine Voraussetzung in der Person der/des Beschäftigten bestimmt, muss auch diese Anforderung erfüllt sein.

Protokollerklärung zu § 12 Absatz 1:

1. [1]Arbeitsvorgänge sind Arbeitsleistungen (einschließlich Zusammenhangsarbeiten), die, bezogen auf den Aufgabenkreis der/des Beschäftigten, zu einem bei

natürlicher Betrachtung abgrenzbaren Arbeitsergebnis führen (z. B. unterschriftsreife Bearbeitung eines Aktenvorgangs, eines Widerspruchs oder eines Antrags, Betreuung bzw. Pflege einer Person oder Personengruppe, Fertigung einer Bauzeichnung, Erstellung eines EKG, Durchführung einer Unterhaltungs- bzw. Instandsetzungsarbeit). [2]Jeder einzelne Arbeitsvorgang ist als solcher zu bewerten und darf dabei hinsichtlich der Anforderungen zeitlich nicht aufgespalten werden.

2. Eine Anforderung im Sinne der Sätze 4 und 5 ist auch das in einem Tätigkeitsmerkmal geforderte Herausheben der Tätigkeit aus einer niedrigeren Entgeltgruppe.

(2) Die Entgeltgruppe der/des Beschäftigten ist im Arbeitsvertrag anzugeben.

§ 13 TVöD (Bund) Eingruppierung in besonderen Fällen

(1) [1]Ist der/dem Beschäftigten eine andere, höherwertige Tätigkeit nicht übertragen worden, hat sich aber die ihr/ihm übertragene Tätigkeit (§ 12 Abs. 2 Satz 1) nicht nur vorübergehend derart geändert, dass sie den Tätigkeitsmerkmalen einer höheren als ihrer/seiner bisherigen Entgeltgruppe entspricht (§ 12 Abs. 2 Sätze 2 bis 6), und hat die/der Beschäftigte die höherwertige Tätigkeit ununterbrochen sechs Monate lang ausgeübt, ist sie/er mit Beginn des darauffolgenden Kalendermonats in der höheren Entgeltgruppe eingruppiert. [2]Für die zurückliegenden sechs Kalendermonate gilt § 14 sinngemäß.

(2) [1]Ist die Zeit der Ausübung der höherwertigen Tätigkeit durch Urlaub, Arbeitsbefreiung, Arbeitsunfähigkeit, Kur- oder Heilverfahren oder Vorbereitung auf eine Fachprüfung für die Dauer von insgesamt nicht mehr als sechs Wochen unterbrochen worden, wird die Unterbrechungszeit in die Frist von sechs Monaten eingerechnet. [2]Bei einer längeren Unterbrechung oder bei einer Unterbrechung aus anderen Gründen beginnt die Frist nach der Beendigung der Unterbrechung von neuem.

(3) Wird der/dem Beschäftigten vor Ablauf der sechs Monate wieder eine Tätigkeit zugewiesen, die den Tätigkeitsmerkmalen ihrer/seiner bisherigen Entgeltgruppe entspricht, gilt § 14 sinngemäß.

§ 13 TVöD (VKA) Eingruppierung in besonderen Fällen

(1) [1]Ist der/dem Beschäftigten eine andere, höherwertige Tätigkeit nicht übertragen worden, hat sich aber die ihr/ihm übertragene Tätigkeit (§ 12

[VKA] Abs. 2 Satz 1) nicht nur vorübergehend derart geändert, dass sie den Tätigkeitsmerkmalen einer höheren als ihrer/seiner bisherigen Entgeltgruppe entspricht (§ 12 [VKA] Abs. 2 Sätze 2 bis 6), und hat die/der Beschäftigte die höherwertige Tätigkeit ununterbrochen sechs Monate lang ausgeübt, ist sie/er mit Beginn des darauffolgenden Kalendermonats in der höheren Entgeltgruppe eingruppiert. [2]Für die zurückliegenden sechs Kalendermonate gilt § 14 Abs. 1 sinngemäß.

(2) [1]Ist die Zeit der Ausübung der höherwertigen Tätigkeit durch Urlaub, Arbeitsbefreiung, Arbeitsunfähigkeit, Kur- oder Heilverfahren oder Vorbereitung auf eine Fachprüfung für die Dauer von insgesamt nicht mehr als sechs Wochen unterbrochen worden, wird die Unterbrechungszeit in die Frist von sechs Monaten eingerechnet. [2]Bei einer längeren Unterbrechung oder bei einer Unterbrechung aus anderen Gründen beginnt die Frist nach der Beendigung der Unterbrechung von neuem.

(3) Wird der/dem Beschäftigten vor Ablauf der sechs Monate wieder eine Tätigkeit zugewiesen, die den Tätigkeitsmerkmalen ihrer/seiner bisherigen Entgeltgruppe entspricht, gilt § 14 Abs. 1 sinngemäß.

Protokollerklärung zu §§ 12 (VKA), 13 (VKA):
Die Grundsätze der korrigierenden Rückgruppierung bleiben unberührt.

§ 13 TV-L Eingruppierung in besonderen Fällen

Ist der/dem Beschäftigten eine andere, höherwertige Tätigkeit nicht übertragen worden, hat sich aber die ihr/ihm übertragene Tätigkeit (§ 12 Absatz 1 Satz 3) nicht nur vorübergehend derart geändert, dass sie den Tätigkeitsmerkmalen einer höheren als ihrer/seiner bisherigen Entgeltgruppe entspricht (§ 12 Absatz 1 Satz 4 bis 8), und hat die/der Beschäftigte die höherwertige Tätigkeit ununterbrochen sechs Monate lang ausgeübt, ist sie/er mit Beginn des darauffolgenden Kalendermonats in der höheren Entgeltgruppe eingruppiert. Für die zurückliegenden sechs Kalendermonate gilt § 14 sinngemäß. Ist die Zeit der Ausübung der höherwertigen Tätigkeit durch Urlaub, Arbeitsbefreiung, Arbeitsunfähigkeit, Kur- oder Heilverfahren oder Vorbereitung auf eine Fachprüfung für die Dauer von insgesamt nicht mehr als sechs Wochen unterbrochen worden, wird die Unterbrechungszeit in die Frist von sechs Monaten eingerechnet. Bei einer längeren Unterbrechung oder bei einer Unterbrechung aus anderen Gründen beginnt die Frist nach der Beendigung der Unterbrechung von neuem. Wird der/dem Beschäftigten vor Ablauf der sechs Monate wieder eine Tätigkeit zugewiesen, die den Tätigkeitsmerkmalen ihrer/seiner bisherigen Entgeltgruppe entspricht, gilt § 14 sinngemäß.

§ 14 TVöD/TV-L Vorübergehende Übertragung einer höherwertigen Tätigkeit

(1) Wird der/dem Beschäftigten vorübergehend eine andere Tätigkeit übertragen, die den Tätigkeitsmerkmalen einer höheren als ihrer/seiner Eingruppierung entspricht, und hat sie/er diese mindestens einen Monat ausgeübt, erhält sie/er für die Dauer der Ausübung eine persönliche Zulage rückwirkend ab dem ersten Tag der Übertragung der Tätigkeit.

Niederschriftserklärungen zu § 14 Abs. 1:

1. Ob die vorübergehend übertragene höherwertige Tätigkeit einer höheren Entgeltgruppe entspricht, bestimmt sich im Bereich der VKA für nach einem gemäß § 2 Abs. 2 TVÜ-VKA weitergeltenden Lohngruppenverzeichnis eingruppierte Beschäftigte nach der Anlage 3 zum TVÜ-VKA.
2. Die Tarifvertragsparteien stellen klar, dass die vertretungsweise Übertragung einer höherwertigen Tätigkeit ein Unterfall der vorübergehenden Übertragung einer höherwertigen Tätigkeit ist.

(2) Durch landesbezirklichen Tarifvertrag – für den Bund durch einen Tarifvertrag auf Bundesebene – wird im Rahmen eines Kataloges, der die hierfür in Frage kommenden Tätigkeiten aufführt, bestimmt, dass die Voraussetzung für die Zahlung einer persönlichen Zulage bereits erfüllt ist, wenn die vorübergehend übertragene Tätigkeit mindestens drei Arbeitstage angedauert hat und die/der Beschäftigte ab dem ersten Tag der Vertretung in Anspruch genommen worden ist.

(3) Die persönliche Zulage bemisst sich nach dem jeweiligen Unterschiedsbetrag zu dem Tabellenentgelt, das sich bei dauerhafter Übertragung nach § 17 Abs. 4 Satz 1 für Beschäftigte im Bereich der VKA und nach § 17 Abs. 5 Satz 1 für Beschäftigte des Bundes ergeben hätte.

§ 14 TV-L Vorübergehende Übertragung einer höherwertigen Tätigkeit

(1) Wird Beschäftigten vorübergehend eine andere Tätigkeit übertragen, die den Tätigkeitsmerkmalen einer höheren Entgeltgruppe entspricht, und wurde diese Tätigkeit mindestens einen Monat ausgeübt, erhalten sie für die Dauer der Ausübung eine persönliche Zulage rückwirkend ab dem ersten Tag der Übertragung der Tätigkeit.
(2) Durch landesbezirklichen Tarifvertrag kann für bestimmte Tätigkeiten festgelegt werden, dass die Voraussetzung für die Zahlung einer persönlichen Zulage bereits erfüllt ist, wenn die vorübergehend übertragene Tätigkeit mindestens drei Arbeitstage angedauert hat. Die Beschäftigten müssen dann ab dem ersten Tag der Vertretung in Anspruch genommen worden sein.
(3) Die persönliche Zulage bemisst sich für Beschäftigte in den Entgeltgruppen 9a bis 14 aus dem Unterschiedsbetrag zu dem Betrag, der sich für die/den Beschäftigte/n bei dauerhafter Übertragung nach § 17 Absatz 4 Satz 1 bis 3 ergeben hätte. Für Beschäftigte, die in eine der Entgeltgruppen 1 bis 8 eingruppiert sind, beträgt die Zulage 4,5 v. H. des individuellen Tabellenentgelts der/des Beschäftigten; bei vorübergehender Übertragung einer höherwertigen Tätigkeit über mehr als eine Entgeltgruppe gilt Satz 1 entsprechend.

Stichwortverzeichnis